k

CW00661437

LO MEJOR • VID

# CIUDAD DE MÉXICO
## *de cerca*

**Jacobo G. García, Beto R. Lanz**

geoPlaneta

# En este libro

## Guía rápida

Claves para comprender la ciudad: ayuda para decidir qué hacer y cómo

**Lo esencial**
Consejos para un viaje sin problemas

**Barrios**
Dónde está cada cosa

## Explorar Ciudad de México

Lo mejor para ver y hacer, barrio a barrio

**Principales puntos de interés**
Aprovechar al máximo la visita

**Vida local**
Conocer la ciudad como un residente

## Lo mejor de Ciudad de México

Prácticos listados para planificar el viaje

**Los mejores paseos**
Conocer la ciudad a pie

**Lo mejor**
Las mejores experiencias

## Guía práctica

Trucos y consejos útiles

**Cómo desplazarse**
Viajar como un residente

**Información esencial**
Incluye alojamientos

**Nuestra selección de los mejores sitios para comer, beber y visitar**

◉ **Puntos de interés**

✖ **Dónde comer**

☕ **Dónde beber**

★ Ocio

🔒 **De compras**

**Estos símbolos ofrecen información esencial para cada recomendación:**

- ☏ Números de teléfono
- ⊙ Horario
- P Aparcamiento
- ⊖ Prohibido fumar
- @ Acceso a internet
- 📶 Acceso wifi
- ✔ Selección vegetariana
- 📖 Menú en inglés
- 👪 Apto para familias
- 🐾 Apto para mascotas
- 🚌 Autobús
- ⛴ *Ferry*
- M Metro
- S *Subway*
- ⊖ London Tube
- 🚋 Tranvía
- 🚃 Tren

**Para encontrar rápidamente cada recomendación en los mapas de barrio:**

**Bebel Bar**

18 ☕ plano p. 30, G3

Tranquilo bar con ilumi
tal en el Hotel de Rome.
tienen un toque modern
incluso se transmite a la
alcohol. No recomendad
prefieren un *whisky* con
⊙desde 9.00; 🚌

# Ciudad de México de Lonely Planet

Las guías de bolsillo de Lonely Planet están diseñadas para llevar al viajero al corazón de la ciudad. Incluyen los puntos de interés más destacados y proporcionan consejos para una visita inolvidable. Con el fin de facilitar la orientación del lector, la ciudad se divide en barrios y se incluyen mapas de fácil lectura. Nuestros expertos autores han buscado lo mejor del lugar –paseos, comida, vida nocturna y compras, entre otras sugerencias–, y las páginas de "Vida local" llevan a las zonas más atractivas y auténticas. También se incluyen consejos prácticos, necesarios para un viaje sin problemas: itinerarios para hacer visitas breves, cómo desplazarse y cuánta propina dejar. Esta guía es toda una garantía para disfrutar de una experiencia fantástica.

## Nuestro compromiso

El viajero puede confiar en esta guía, ya que los autores de Lonely Planet visitan los lugares sobre los que escriben en cada edición y nunca aceptan ningún tipo de obsequio a cambio de reseñas positivas.

# Guía rápida **7**

# Explorar Ciudad de México **21**

## Merece la pena:

## Lo mejor de Ciudad de México 129

### Los mejores paseos

### Lo mejor

## Guía práctica 147

# Guía rápida

## Bienvenidos a la Ciudad de México

En la Ciudad de México la vida es tan intensa como su propio trazado urbanístico. Así, en la misma calle es posible encontrar los edificios más sofisticados conviviendo con restos arqueológicos y vendedores de tamales. Tradición y modernidad a pocos metros de distancia. La antigua Tenochitlán, capital de los aztecas, es hoy una ciudad mágica, poderosa y vibrante que desborda lo que ocupa y que, como dicen sus habitantes, "nunca se acaba".

Ángel de la Independencia (p. 76)

# Principales puntos de interés

### Zócalo (p. 24)

El alma de México reside en esta plaza presidida por una gran bandera donde miles de personas se dan cita cada día y donde la protesta social se mezcla con ceremonias indígenas de purificación.

## Museo Nacional de Antropología (p. 70)

Los mejores tesoros del México prehispánico, como la Piedra del Sol o la de Tizoc y la Coatlicue, se reúnen en uno de los recintos museísticos más importantes del mundo. Es imprescindible para entender sus diferentes culturas.

### Museo Frida Kahlo (p. 86 )

La Casa Azul guarda la esencia de Frida Kahlo en cada rincón: objetos personales, figurillas prehispánicas, exvotos, vestidos y el jardín que la vio crecer, los salones en los que dibujó y la cama donde sufrió durante años y murió.

### Ciudad Universitaria (p. 100)

La sede de la principal universidad de México es un gran museo al aire libre que presume de arquitectura, murales y esculturas firmadas por nombres como Diego Rivera y David Alfaro Siqueiros. En sus zonas verdes se respira el aire más puro de la ciudad.

### Museo Estudio Diego Rivera y Frida Kahlo (p. 102)

Esta casa, todo un ejemplo de arquitectura funcional, guarda decenas de detalles que permiten descubrir a Diego Rivera. Los zapatos, el pijama, los pinceles... Todo se conserva en su sitio desde hace casi 60 años.

### Museo Soumaya (p. 141)

Un imponente edificio de vanguardia recubierto de láminas de aluminio alberga la colección del millonario Carlos Slim. Obras como *El pensador* de Rodin y una réplica de *La piedad* de Miguel Ángel integran este acervo con más de 66 000 piezas.

### Teotihuacán (p. 124)

No hay manera de permanecer ajeno a la grandeza de este lugar, la "ciudad donde nacieron los dioses", Patrimonio Mundial de la Unesco y una de las zonas arqueológicas más imponentes de México.

### Pueblos Mágicos (p. 126)

La magia de la Ciudad de México trasciende sus fronteras. Los Pueblos Mágicos, unos 80 en el país, albergan tesoros culturales, históricos y naturales únicos. Tepoztlán, Taxco, Malinalco o Valle de Bravo son algunos de los más cercanos a la capital.

# ◯ Vida local

## *Consejos para conocer la ciudad auténtica*

La vida en la calle es imprescindible para conocer el alma de una ciudad que entiende los espacios públicos como una prolongación del salón de casa. Desde los tianguis hasta los parques, gran parte del secreto de la Ciudad de la México reside en dejarse atrapar por los olores de los puestos callejeros de comida o el color de los mercados.

## La vitalidad del centro (p. 26)

▶ Edificios históricos
▶ Vida cultural

El Centro Histórico es visita obligada. Coches, taxis, bicis y el Turibus se mueven entre la multitud en un aparente caos donde, sin embargo, las cosas funcionan. En sus mercados puede conseguirse casi todo y los restaurantes y los teatros completan la oferta.

## El barrio de Burroughs y Kerouac (p. 42)

▶ Restaurantes y bares
▶ Vida cultural

La Generación Beat golpea las vías de la inspiradora colonia Roma. Por sus calles aún se puede escuchar el disparo de Burroughs a su mujer mientras emulaban el episodio de Guillermo Tell, solo que aquí con un final trágico.

## Un paseo digno de reyes y poetas (p. 72)

▶ Parque

Este paseo por el bosque de Chapultepec lo concentra todo. Además del impresionante castillo, es posible remar por el lago, andar en bicicleta y disfrutar del ambiente popular y festivo del pulmón de la ciudad.

## Calles y plazas de Coyoacán (p. 88)

▶ Barrio histórico
▶ Restaurantes y bares

Famoso por los mercaditos y la tranquilidad de sus calles, Coyoacán recuerda la esencia del México que se fue. Sus vías empedradas y sus plazas e iglesias tienen un color especial, barnizado por la historia.

## Los sábados en San Ángel (p. 104)

▶ Mercado de artesanías
▶ Edificios históricos

En sus dos bellas plazas se reúnen artesanos y artistas en un mercado donde se pueden conseguir piezas únicas por poco dinero. No tiene precio pasar aquí la mañana del domingo y tomar unas buenas margaritas tras las compras.

Un café en cada esquina.

Los tacos de canasta (p. 110).

# Un plan para cada día

## Primer día

☀️ Se puede desayunar en el Sanborns de la **casa de los Azulejos,** un precioso edificio colonial, para luego cruzar la calle y visitar el **palacio de Bellas Artes** (p. 30). Antes de comer, se puede tomar una cerveza en el piso 41º de la **torre Latinoamericana** (p. 31) mientras se disfruta de las impresionantes vistas.

☀️ Para comer hay que sumergirse en la calle Madero, donde el viajero puede detenerse a picar algo en el **Salón Corona** (p. 37) antes de seguir camino hasta desembocar en el **Zócalo** (p. 24). La tarde puede emplearse en visitar el **Templo Mayor** (p. 25) y la calle Donceles, llenas de librerías de viejo.

🌙 Por la noche, el **Hotel Majestic** (p. 37) es una buena opción para tomar una copa de vino viendo el atardecer en el Zócalo. Ya de noche, **El Zinco** (p. 38) y **La Perla** (p. 38) son las mejores opciones para escuchar buena música y bailar hasta la madrugada.

## Segundo día

☀️ El día comienza recorriendo la **calle Álvaro Obregón** (p. 46), llena de comercios y restaurantes. Al llegar a la **plaza de Río de Janeiro** (p. 46) se puede parar para degustar un buen desayuno en **Café Toscano** (p. 49). Después hay que pararse en alguna de las galerías de arte que hay en las calles de camino a **La Romita** (p. 50), el rincón más escondido de la colonia Roma. con aire de pueblo y una de las iglesias más encantadoras de México.

☀️ Para comer hay que llegar a La Condesa y buscar el **Merotoro** (p. 61). Luego se baja la comida con un paseo por sus principales parques, como el **parque México** (p. 59) y el **parque España** (p. 60)

🌙 Por la noche se puede tomar unas copas en el **Hotel Condesa DF** (p. 69), enfrente del parque España, y probar un buen tequila en su sofisticada terraza con excelentes vistas.

---

**¿Hay poco tiempo?**

Estos itinerarios han sido creados para aprovechar al máximo el tiempo que se disponga para conocer lo mejor de la ciudad.

---

## Tercer día

☼ Hay que pasar la mañana en la explanada de la Rectoría de **Ciudad Universitaria** (p. 100) admirando los murales que rodean el edificio principal y la Biblioteca Central, pasear por las islas y visitar el exterior del **Estadio Olímpico** (p. 101). Después se toma el metrobús hasta La Bombilla y se camina por la calle San Sebastián hasta llegar a **Chimalistac** (p. 108) para ver la iglesia y los puentes.

☼ Se puede comer en la terraza del **Saks de San Ángel** (p. 109) y disfrutar de la vista de la plaza. Más tarde se recorre las tiendas del alrededor y la **casa del Risco** (p. 105). También hay que llegar hasta el **Museo Estudio Diego Rivera y Frida Kahlo** (p. 102) y dedicarle al menos 1 h para ver con calma el estudio del pintor.

☾ Si apetece terminar el día con baile y copas se puede optar por **Mama Rumba** (p. 110) o, si se quiere un plan más tranquilo, escuchar *jazz* en el **Hobos** (p. 110) con un vino o una cerveza y una buena hamburguesa.

## Cuarto día

☼ Es necesario dedicarle al menos un par de horas al **Museo de Antropología** (p. 70) y conocer algunos de los tesoros más famosos del México prehispánico. A la salida, se cruza la avenida para adentrarse en el **bosque de Chapultepec** (p. 72), donde no hay que dejar de ver el lago. Después se puede caminar por el paseo de la Reforma rumbo al centro y, de paso, disfrutar de las exposiciones fotográficas en las **rejas de Chapultepec** (p. 73).

☼ Se llega a la **Zona Rosa** (p. 76) para comer en el **Bellinghausen** (p. 78) o en **Antojitos Los arcos** (p. 79), dependiendo del presupuesto. Tras un paseo y un café por la **calle Génova** (p. 77), hay que lanzarse a hacer compras en el **Mercado de artesanías Insurgentes** (p. 82) o en el **Monumento a la Independencia** (p. 76).

☾ Para la noche lo mejor es dirigirse a la calle Milán y una vez allí decidir entre el famoso **bar Milán** (p. 81) o la cantina **Belmont** (p. 82), aunque lo ideal sería visitar ambos.

# Lo esencial

**Para más información véase 'Guía práctica' (p. 147)**

**Moneda**
Peso ($)

**Idioma**
Español

**Visas**
No la requieren ciudadanos de EE UU, países del Espacio Schengen y el Caribe.

**Dinero**
Los cajeros automáticos se encuentran fácilmente en calles y centros comerciales. Hoteles y grandes comercios aceptan tarjetas de crédito; los pequeños establecimientos prefieren efectivo.

**Teléfonos móviles**
Se cobra *roaming* por llamadas desde teléfonos extranjeros. Telcel tiene convenios con compañías de América Móvil.

**Hora local**
GMT -6

**Electricidad**
La corriente es de 127V. Los enchufes tienen dos clavijas planas. Los equipos eléctricos de Europa requieren convertidores de voltaje.

**Propinas**
Se deja entre 10-15% en restaurantes y bares, dependiendo del servicio.

## ① Antes de partir

### Presupuesto diario

**Menos de $500**
▶ Habitación compartida en hostal: $135-200

▶ Comida corrida en mercado o fonda: $50-70

▶ Transporte en metro/metrobús: $5/6

**Entre $500-1500**
▶ Habitación doble en hotel: $700-1000

▶ Comida de dos tiempos en restaurante: $100-200

▶ Un trago en una cervecería o pulquería: $25-35

**Más de $1500**
▶ Hotel-*boutique*: $3250

▶ Comida o cena en restaurante de moda: $500-700

▶ Taxi: $120

### Webs

▶ **Time Out** (www.timeoutmexico.mx) Los lugares de moda del momento.

▶ **Dónde ir** (www.dondeir.com) Guía de bares, restaurantes, arte y cultura.

▶ **Chilango** (www.chilango.com) Los sitios que se deben visitar en la ciudad.

### Con antelación

▶ **Dos meses antes** Reservar hoteles en el Centro Histórico, la Condesa o Coyoacán.

▶ **Unas semanas antes** Comprar boletos para un partido de fútbol en el Estadio Azteca.

▶ **Unos días antes** Consultar en internet sobre eventos y espectáculos.

## 2 Cómo llegar

Todos los vuelos internacionales llegan al Aeropuerto Internacional de la Ciudad de México. El taxi es más caro pero es conveniente cuando se carga equipaje. El metrobús tiene servicio especial al Centro Histórico. El metro es más barato, pero no es aconsejable con maletas.

### ✈ Del aeropuerto Benito Juárez (T1 y T2)

| Destino | Mejor opción de transporte |
|---|---|
| Centro Histórico | Metrobús o taxi |
| Zona Rosa | Taxi |
| Polanco | Taxi |
| Roma | Taxi |
| Condesa | Taxi |
| Coyoacán | Taxi |
| San Ángel/Ciudad Universitaria | Taxi |

### ✈ En el aeropuerto

**Aeropuerto Internacional de la Ciudad de México (AICM)** Su nombre oficial es Benito Juárez. Cuenta con dos terminales (T1 y T2) y en ambas hay bancos, casas de cambio y oficinas de turismo para hacer reservaciones de hotel o rentar autos. La estación de metro Terminal Aérea se encuentra en la puerta 6 de la T1. El metrobús sale de las puertas 4 y 7 de la T1 y la 3 de la T2. Los módulos de venta de boletos de taxis autorizados están en las puertas de llegada.

## 3 Cómo desplazarse

El metro y el metrobús son lo más rápido y económico para explorar de un punto a otro. Se necesita comprar una tarjeta que sirve para ambos transportes.

### Ⓜ Metro

Sus 12 líneas son la mejor manera de moverse por la ciudad. El viaje cuesta $5 sin importar la distancia y los cambios de línea.

### 🚌 Metrobús

Aunque la red es menos extensa, tiene numerosas conexiones con el metro, lo que permite llegar más fácil a la zona sur.

### 🚗 Taxi

Lo ideal es tomar taxis de sitio. Se paga lo que marca el taxímetro, por lo que hay que exigir que esté encendido y funcione.

### 🚲 Bicicleta

La red Ecobici se encuentra en algunos de los barrios más turísticos. Es ideal para recorrer trayectos cortos y evitar el tráfico.

### 🚗 Automóvil

Cuando se hace turismo, tiene más desventajas que beneficios por el tráfico y los problemas de estacionamiento.

# Barrios

**Paseo de la Reforma, Zona Rosa-Juárez y Chapultepec (p. 68)**

Palacios, casonas, museos por doquier, bulevares de imitación francesa y rascacielos para pasear sin fin.

**◉ Principales puntos de interés**

Museo Nacional de Antropología

*Museo Soumaya* ◉

*Museo Nacional de Antropología* ◉

**Polanco (p. 112)**

Es el barrio financiero con tiendas de lujo, buenos restaurantes, grandes mansiones y embajadas.

**◉ Principales puntos de interés**

Museo Soumaya

**La Condesa (p. 56)**

Cuenta con cafés, parques y pequeñas plazas. Sus calles arboladas han seducido a artistas y noctámbulos.

## Centro Histórico (p. 24)

Entre murales, arquitectura colonial y restos prehispánicos aquí palpita el corazón de la ciudad.

⊙ **Principales puntos de interés**

Zócalo

⊙ *Zócalo*

## La Roma (p. 40)

Lugares *cool*, tiendas, bares y restaurantes en un barrio que conserva casas estilo *art nouveau*.

## Sur de Ciudad de México (p. 98)

La Universidad Nacional Autónoma guía la vida cultural y San Ángel, elegante y aristocrático, está lleno de vida.

⊙ **Principales puntos de interés**

Ciudad Universitaria

Museo Estudio Diego Rivera y Frida Kahlo

Sur de Ciudad de México (fuera de mapa)

## Coyoacán (p. 84)

Coyoacán mantiene intactas sus tradiciones y conserva el pasado virreinal y plazas bulliciosas y festivas.

⊙ **Principales puntos de interés**

Museo Frida Kahlo

Coyoacán (fuera del mapa)

# Explorar
# Ciudad de México

### Vale la pena

Encrucijada de calles en La Roma (p. 40)

Explorar

# Centro Histórico

Es el casco antiguo más grande de América Latina, declarado Patrimonio Mundial por la Unesco, y el lugar exacto donde se alzaban algunos de los centros ceremoniales más importantes del continente. Es también el epicentro de una ciudad vibrante lista para ser descubierta por el viajero. Además de los murales, la arquitectura colonial y los restos prehispánicos, aquí late lo más actual.

# Lo mejor en un día

☀️ El día comienza en la casa de los Azulejos, una casona del s. xvi ocupada hoy por la cadena comercial Sanborns. Es el lugar perfecto para sentirse exclusivo por poco dinero mientras se disfruta de platillos típicos en su patio central. A pocos metros se puede visitar el **palacio de Bellas Artes** (p. 30) y alargar el paseo por la **Alameda** (p. 30) hasta el **monumento a la Revolución** (p. 31).

☀️ A la hora de comer, la mejor opción es acercarse a la **Torre Latinoamericana** (p. 31) para almorzar en el restaurante del mirador disfrutando de las impresionantes vistas de la ciudad a un precio asequible. Una vez fuera, puede recorrerse la calle Madero, una de las pocas peatonales de la ciudad, y parar en el palacio de Iturbide para terminar en el **Zócalo** (p. 24).

🌙 Para cenar hay que regresar por Cinco de Mayo hasta el **Bar La Ópera** (p. 34) o quedarse en alguna de las terrazas del Zócalo, como la del **Centro Cultural de España** (p. 37) o el **Hotel Majestic** (p. 37). Para cerrar el día nada mejor que algo de *jazz* en el **Zinco Jazz Club** (p. 38) o acercarse hasta **Tenampa** (p. 36) si quedan energías.

👁️ **Principales puntos de interés**

Zócalo (p. 24)

🔍 **Vida local**

La vitalidad del centro (p. 26)

❤️ **Lo mejor**

**Cultura**
Palacio Nacional (p. 25)
Palacio de Bellas Artes (p. 30)
Colegio de San Ildefonso (p. 32)

**Vida nocturna**
Calle Regina (p. 35)
Zinco Jazz Club (p. 38)
La Perla (p. 38)
Plaza de Garibaldi (p. 31)

## Cómo llegar

Ⓜ️ **Metro** Zócalo (Línea 9).

🚌 **Metrobús** Línea 4

## Principales puntos de interés
# Zócalo, el corazón de México

El Zócalo, oficialmente Plaza de la Constitución, es el corazón del Centro Histórico, un espacio mágico donde conviven siete siglos de historia: de la etapa prehispánica a la revolucionaria, pasando por la virreinal y de Cuauhtémoc a Cortés y Francisco Villa. En torno a la plaza se levantan el Palacio Nacional, la catedral y el ayuntamiento de la ciudad. En el subsuelo del Zócalo se han descubierto restos arqueológicos como la Piedra del sol o el Calendario azteca (hoy conservado en el Museo de Antropología).

◉ plano p. 28, G3

🕑 24 h

Ⓜ Zócalo y Pino Suárez

El Zócalo desde la terraza del Hotel Majestic.

# Imprescindible

### Palacio Nacional
Sede del poder político desde Cuauhtémoc y Moctezuma, es una visita obligada para entender la historia de México gracias a sus impresionantes murales. En la puerta principal cuelga la campana de Dolores, que marcó el inicio de la Guerra de la Independencia.

### Templo Mayor
Las pirámides que originalmente impresionaron a los conquistadores quedaron después reducidas a un montón de piedras con las que se levantaron algunas de las casonas y palacios virreinales, así como la catedral. En 1978 comenzaron las excavaciones para sacar a la luz los restos del Templo Mayor, una de las pirámides más grandes del mundo prehispánico, en torno a la cual giraba la vida de la antigua capital mexica, Tenochtitlán.

### Catedral metropolitana
De majestuoso estilo churrigueresco y herreriano, tardó 250 años en terminarse y cuenta con dos torres de 67 m que pueden visitarse. A la entrada de la catedral, protegidos por unos cristales a la altura del suelo, pueden verse los restos arqueológicos de un templo mexica.

### Plaza de Santo Domingo
En esta plaza de estilo puramente castellano se apelotonan los últimos notarios de lo cotidiano: ancianos con máquina de escribir que ayudan a redactar declaraciones de amor, recursos judiciales o testamentos para quienes no saben ni de internet ni de gramática.

### ☑ Consejos

▶ A un costado de la catedral, sobre la calle Madero, hay una parada del Turibus donde se puede comprar el boleto para recorrer la ciudad. Es una buena opción para visitar todos sus barrios en pocas horas y se puede subir y bajar cuantas veces se quiera a lo largo de un día. El precio varía según las horas de recorrido y el más amplio llega incluso hasta Teotihuacán (adultos/niños $140/70 lu-vi; $165/85 sa-do y fest; incluido Teotihuacan, $900/500).

### ✗ Una pausa

Para un alto en el camino, un buen lugar es la terraza del **Centro Cultural de España** (Guatemala 18), con pinchos y tapas a buen precio mientras se contempla la catedral desde las alturas.

Vida local
# La vitalidad del Centro

La fuerza del Centro Histórico está sobre todo en la peculiaridad de su gente y en el bullicioso comercio. Con unos 250 000 habitantes, cada día llegan y se van un millón de personas, sobre todo para comprar o vender mercancías. En los últimos tiempos, la recuperación y rehabilitación de calles y edificios ha atraído a una nueva generación de jóvenes que convive con la población autóctona y disfruta de cosas como las siguientes.

........................................

**❶ Mercado de Sonora**
Desde la época de los mexicas, la vida de México ha girado en torno al comercio y los mercados callejeros, los llamados *tianguis,* del náhuatl *tianquiztli.* En el **mercado de Sonora** (Fray Servando Teresa de Mier 419) es posible encontrar remedios para limpiar el

alma, retener al ser amado u ofrendas a la Santa Muerte. En cualquier caso, el ir y venir de carretillas, frutas y verduras frescas es un espectáculo de olores y colores que cautiva al visitante. Hay mercados para todo: dedicados a las flores, como el de Jamaica (Guillermo Prieto 45); a la fruta y verdura, como el de La Merced (Rosario 180 M-Merced), o a productos *gourmet,* como el de San Juan (Ernesto Pugibet 21).

### ❷ Un pulque

Aunque han ido desapareciendo, todavía es posible encontrar en el Centro Histórico locales donde tomar un pulque natural o de frutas. Una pulquería recomendable por la zona es **Las Duelistas** (Aranda 28). El pulque o agua de los dioses era la bebida típica en el México prehispánico y la más vendida en las cantinas hasta mediados del s. xx. La irrupción del tequila y el mezcal, pero sobre todo de la cerveza, marginaron esta curiosa bebida de color blanco y con aspecto viscoso extraída del maguey, a la que se le atribuyen poderes afrodisíacos.

### ❸ Librerías de viejo

Hay quien dice haber encontrado una primera edición de *Cien años de soledad* oculta bajo montañas de libros. Eso sí, hace falta mucha paciencia, pero aún es posible encontrar joyas literarias deambulando dejándose atrapar por las librerías de viejo de la calle Donceles. Por ejemplo, **El Gran Remate** (Donceles 81) o **El Mercader de Libros** (Donceles 78), que resisten el empuje de la modernidad parapetadas tras miles de tomos amarillentos.

### ❹ Las cantinas

La **cantina Madrid** (Belisario Domínguez 77 esq. Brasil) es un buen ejemplo de la importancia de estos antros. Hasta hace algunas décadas, las cantinas eran lugares prohibidos para "mujeres, perros y uniformados", se escupía en el suelo y se orinaba en la esquina junto a la barra. Los curados (pulques) llegados del campo se vendían en barriles y era el lugar habitual para el esparcimiento y el debate.

Hoy han evolucionado y son el mejor lugar para convivir con la población local disfrutando de un buen tequila o una cerveza fría acompañada de botanas. En muchas de ellas solo se paga lo que se bebe y la comida va por cuenta de la casa.

A el Chopo

**29**

**A**
**B**
**C**
**D**

C. Violeta

C. Pedro Moreno

C. Magnolia

C. Magnolia

C. Héroes F. de
la Revolución

C. Violeta

C. Zarco

C. Soto

C. Lerdo

C. Arista

C. Héroes

C. Pedro Moreno

**Eje 1 Poniente**

C. Aldama

C. Zaragoza

C. Violeta

C. Zarco

C. Soto

C. Galeana

C. Mina

Glorieta
Simón
Bolívar

C. Aldama

C. Orozco y Berra

C. Héroes

Museo
Franz
Mayer

C. Trujano

C. 2 de Abril

C. Aldama

C. Zaragoza

**Av. Guerrero**

Plaza San
Fernando

C. Héroes

**9**

**Revolución**

C. Mariscal

**Av. Puente de Alvarado**

C. Santa Veracr

C. Terán

**Av. Rosales**

C. B. Badillo

M **Hidalgo**

**Av. P. Arriaga**

C. T. Alva Edison

**Av. Hidalgo**

**Monumento a
la Revolución**

**3**

**C. de la República**

Plaza de la
Solidaridad

Alameda
Central

**1** Alameda
Central

Bell
Art

C. Ramírez

C. Larragua

**Paseo de la Reforma**

**Av. Juárez**

C. Iturbide

C. Humboldt

**Av. Juárez**

C. Luis
Moya

Palacio
Bellas Art

C. Donato Guerra

C. Artículo 123

C.
Dolores

C. López

**Av. M. Victoria**

**Av. M. Victoria**

C. Artículo 123

**22**

**Av. Independencia**

C. Artículo 123

C. Atenas

C. A. González

**17**

C. Ayuntamiento

C. Revillagigedo

C. Luis Moya

**Av. Morelos** Victoria

**Bucareli**

**C. de Balderas**

San Juan
de Letrán

**4**

C. Versalles

C. General Prim

**27**

C. Emilio Donde

C. Pescaditos

C. Luis Moya

C. Ayuntamiento
Plaza
San Juan

**30**

Plaza
Pacheco

C. Ernesto Pugibet

C. Aranda

C. Lucerna

C. Tres Guerras

C. Enrico Martínez

Plaza de la
Ciudadela

**Av. Lázaro Cárden**

C. Barcelona

C. Revillagigedo

C. Luis Moya

C. Delicias

C. Buen Tono

C. López

C. Delicias

C. Turín

C. F. de Garay

C. Tolsa

Parque
Tolsa

C. Tolsa

**Av. Arcos de Belén**

Salto del
Agua

**5**

**Av. Chapultepec**

M **Balderas**

Cuauhtémoc

12 A Plaza de Tlatelolco
C. Órgano
E
28
F
Av. Rayón
G Lagunilla
H

C. Riba Palacio
Garibaldi
19
C. Honduras
5
Plaza Garibaldi
Plaza Montero
C. Rep. de Perú
Plaza Concepción
C. Belisario Domínguez
CENTRO
C. República de Cuba
10 C. Donceles
Palacio de Minería
C. Tacuba
14
5 de Mayo
Torre Latinoamericana
20
21
26
C. 16 de Septiembre
C. Venustiano Carranza
República
Uruguay
C. República del Salvador
C. Aldaco
C. Bolívar
C. Vizcainas
C. Regina
C. Aldaco
C. Bolívar
C. San Jerónimo
V. J. María Izazaga

C. Incas
Cjón. la Vaquita
C. Ignacio Allende
C. República de Chile
C. Rep. de Ecuador
C. Rep. de Paraguay
C. Honduras
C. Rep. de Perú 25
Plaza 23 de Mayo
Plaza Santo Domingo
C. Rep. de Venezuela
23
C. Brasil
C. Rep. de Argentina
C. Apartado
C. Costa Rica
Rep. de Haití
C. Aztecas
C. Colombia
300 m
N 0

C. L. González Obregón
15
Allende
C. Donceles
C. Rep. de Chile
C. Bolívar
C. Motolinia
C. Palma
C. Tacuba
Ex Teresa Arte Actual
Zócalo
Zócalo
Plaza de la Constitución
C. Justo Sierra
Antiguo Colegio San Ildefonso
11
6
C. Moneda
Calle Moneda
C. Seminario
18
7
C. Carmen
C. San Ildefonso
Plaza Loreto
C. Rep. de Guatemala
C. Académica
C. Correo Mayor
C. Soledad
C. Corregidora
C. Venustiano Carranza
C. República Uruguay
C. República del Salvador
C. Mesones
C. Misioneros
Av. San Pablo
16

5 de Mayo
24
13
Av. Francisco I. Madero
C. Monte de Piedad
C. Isabel la Católica
C. 5 de Febrero
Av. 20 de Noviembre
Av. Pino Suárez
Av. Pino Suárez
Isabel la Católica
Pino Suárez
C. Jesús María
C. Talavera
C. Alhondiga
C. Manzanar
Plaza Bravo
C. Loreto
Cjón. Girón

Av. Lázaro Cárdenas
Cda. del 57
C. Condesa
Cda. Cárdenas
8

# Puntos de interés

### Alameda Central
JARDÍN

1 ⊙ plano p. 28, D3

Este amplio jardín de estilo europeo
fue el primer parque de América y
hoy es un pulmón verde en medio del
caótico Centro Histórico. Tiene un
quiosco de música y fue uno de los
primeros lugares de la ciudad en tener
alumbrado público. Aunque hoy es
una zona popular, durante el s. XIX por
aquí se paseaban las élites urbanas
luciendo joyas y vestidos caros, como
se puede comprobar en el mural de
Rivera *Sueño de una tarde dominical
en la Alameda Central*, que se exhibe

en el Museo Mural Diego Rivera (Balderas y Colón s/n; M Bellas Artes).

## Palacio
## de Bellas Artes
MONUMENTO

2 ⊙ plano p. 28, D3

Levantado por orden de Porfirio Díaz
en 1904, en su construcción no se
escatimaron recursos: el mármol blanco
se trajo de Carrara y las vidrieras, de la
joyería Tiffany de Nueva York. Además
de murales de Rivera, Siqueiros, Orozco
y Tamayo, está cuidado hasta el último
detalle de su elegante *art decó,* desde
las lámparas hasta los picaportes. Pero
más allá de su valor arquitectónico,
Bellas Artes es también un símbolo

Alameda Central.

de la cultura mexicana. Aquí han sido velados Octavio Paz, Cantinflas o, más recientemente, Gabriel García Márquez, residente en la Ciudad de México durante muchos años (av Juárez esq Eje Central s/n, entrada \$45, gratis do; ⊘10 am-5.30 pm ma-do; Ⓜ Bellas Artes).

## Monumento a la Revolución                    MONUMENTO

3 ⊙ plano p. 28, A3

Iba a ser un inmenso palacio administrativo y sede del Gobierno de Porfirio Díaz, pero estalló la Revolución y quedó reducido a un enorme arco cubierto por una bóveda donde están enterrados algunos de los héroes revolucionarios. A pesar de su aspecto relativamente sencillo, esconde varios secretos, como el primer elevador del

## Consejo

### Visita a la Torre Latinoamericana

Con el mismo boleto se puede visitar en el piso 38 una exposición con interesantes fotografías y grabados de la evolución de la ciudad en los últimos cinco siglos. También es posible comer o tomarse una cerveza en el restaurante del piso 41 por \$35 (sin necesidad de comprar la entrada general). Así se evitará a las multitudes y las visitas escolares que se acumulan en el mirador y se podrá hacer una agradable pausa disfrutando de las impresionantes vistas.

país o el impresionante entramado de su cúpula que convierten al monumento, según dice su guía, en la torre Eiffel mexicana. Gracias a la última rehabilitación es posible visitar el punto más alto y disfrutar de las espectaculares vistas (☎55 92-2038 5591-1894 5592-2059; http://www.mrm.mx; pl. de la República s/n; ⊘ 12 pm-8 pm lu-ju, 12 pm-10 pm vi-sa, 10 am-8 pm do; Ⓜ Revolución).

## Torre Latinoamericana          EDIFICIO

4 ⊙ plano p. 28, E3

Levantada en el mismo lugar donde estuvo el zoológico de Moctezuma, hoy es la mejor forma de apreciar la inmensidad de la ciudad. A pesar de su aire decadente, con sus 182 m de altura, la Torre Latinoamericana sigue siendo símbolo y orgullo de la ciudad. Es un ejemplo de ingeniería y fue el edificio más alto de América Latina durante muchas décadas. El boleto de entrada permite acceder al mirador descubierto de la parte superior y disfrutar de sus espectaculares vistas (www.torrelatino.com; ⊘9 am-10 pm lu-do; Eje Central esq. Madero; adultos/niños \$70/60; Ⓜ Bellas Artes).

## Plaza de Garibaldi          PLAZA

5 ⊙ plano p. 28, E1

Es la plaza de la música, el tequila y los buscavidas. Un lugar único en la ciudad donde la música suena todo el día. Al caer la noche, preferentemente los fines de semana, la plaza cobra vida y se llena de mariachis, pero también de jarochos o norteños. La música aquí es monumento vivo y los mexicanos gustan pasar a beber y cantar para celebrar sus cumpleaños o curar el desamor (Ⓜ Garibaldi).

## Calle Moneda
CALLE

6 ◉ plano p. 28, G3

Es para muchos una de las calles más bonitas de la CDMX y una de las que acumula más tesoros arquitectónicos virreinales del país. Para destacar su importancia, el historiador José Iturriaga solía decir que cuando aquí ya se habían levantado la Casa de Moneda, la universidad, la Academia de Artes o la primera imprenta de América, "en Manhattan aún pastaban los búfalos". Tras su remodelación, es un paseo agradable; eso sí, mejor durante el día (Ⓜ Zócalo).

## Plaza Loreto
PLAZA

7 ◉ plano p. 28, H3

Entre las calles de San Ildefonso y Jesús María se puede llegar a una hermosa plaza muy tranquila y arbolada, rodeada de pequeños comercios de barrio. No hay que perderse la iglesia de Loreto, levantada en 1809, un buen ejemplo del notable neoclásico mexicano, y también la mejor forma de apreciar el hundimiento del subsuelo que ha dañado parte de la construcción. El paseo hasta allí vale mucho la pena (Ⓜ Zócalo).

## Antiguo Colegio de San Ildefonso
MONUMENTO

8 ◉ plano p. 28, H3

El Colegio de San Ildefonso fue una de las instituciones educativas más importantes de la capital de la Nueva España. Decorado en los años veinte por Rivera, Siqueiros y Orozco, hoy es uno de los edificios mejor conservados del centro y un espacio ideal para hacerse una idea del tipo de construcciones que un día ocuparon toda esta zona. Suele albergar interesantes exposiciones temporales y se pueden visitar los murales, aunque no siempre todos están abiertos al público (www.sanildefonso.org.mx; ⊙10 am-6 pm ma-do; entrada normal/con exposición $20/45).

## Museo Franz Mayer
MUSEO

9 ◉ plano p. 28, D2

El financiero de origen alemán Franz Mayer decidió donar su colección privada tras su fallecimiento sin descendencia en 1928. El museo ocupa un precioso edificio histórico con más de 500 años de vida y es una de las instituciones culturales más reconocidas de la ciudad en lo que a artes decorativas se refiere. Localizado frente a la Alameda Central, alberga la principal colección de artes decorativas y diseño de México y es sede de diversas exposiciones temporales de arte, diseño y fotografía. El claustro vale la visita y también hacer un alto en la cafetería de la terraza (☏ 55 18-2266;

www.franzmayer.org.mx; Hidalgo 45; ⏰10 am-5 pm ma-vi, 11 am-6 pm sa y do; entrada $45).

## Palacio de Minería    MONUMENTO

10 ◉ plano p. 28, E3

Junto al Museo Nacional de Arte se encuentra el Colegio de Minería, una de las joyas del neoclásico mexicano

y continental, obra del arquitecto español Miguel Tolsá. Dentro destacan el precioso patio y las impresionantes escalinatas. Hoy el Palacio de Minería pertenece a la Universidad Nacional Autónoma de México (UNAM) y es la sede de una de las ferias del libro más importantes del país. A la entrada

## Comprender
### La Venecia de América

Un grupo de nahuas nómadas que decían proceder de un lugar llamado Aztlán (de ahí el nombre de aztecas, que se acuñó mucho después, en el s. xix) eligió una isla del lago de Texcoco para fundar México-Tenochtlán en 1325. Casi 200 años después, cuando Hernán Cortés y los suyos llegaron al lugar, no había una ciudad en el mundo con tantos habitantes, unos trescientos mil, y solo comparable con Venecia, según la crónica de Bernal Díaz del Castillo. En lugar de calzadas, decenas de canales atravesaban la ciudad y los cayucos iban y venían frenéticamente por cuatro gigantescas vías de agua que conducían al centro. Para aquellos 400 españoles, todo fue asombro y admiración ante la primera ciudad que veían que no era cristiana ni judía ni musulmana.

Los españoles no perdieron tiempo e importaron el estilo europeo para construir la actual Ciudad de México sobre las ruinas de Tenochtlán y comenzaron a drenar el lago para controlar las graves inundaciones que afectaban frecuentemente a la isla. El drenaje continuó durante varios siglos, lo cual conllevó la desaparición de las chinampas, flotantes lotes de tierra rectangular, de 200 m de largo y 10 de ancho, donde hasta entonces cultivaban los indígenas.

Hoy, muchas de las grandes avenidas que llegan hasta el Centro Histórico, como las calles Madero o 20 de Noviembre, prácticamente coinciden con las vías de agua por las que se movían los mexicas. Sin embargo, la ciudad se hunde a un ritmo de entre 10 y 30 cm cada año, según la zona, lo que afecta notablemente a la arquitectura del Centro Histórico. La inclinación es fácilmente detectable en cualquier construcción o caminando, por ejemplo, por la calle Moneda o en la catedral metropolitana, que ha descendido más de 12 m desde su construcción. Las autoridades han tenido que invertir una gran cantidad de dinero para revertir los efectos del hundimiento, un problema que afecta también a las líneas de metro o al aeropuerto.

pueden verse cuatro meteoritos que cayeron en México (Tacuba esq. Eje Central; www.palaciomineria.unam.mx; **M** Bellas Artes).

### Ex Teresa Arte Actual MONUMENTO

**11** ⊙ plano p. 28, G3

Se trata de un convento del s. XVII convertido en el primer museo de arte de la ciudad y en un lugar emblemático en los años noventa gracias a las fiestas de música electrónica y experimental que se celebraban en su impresionante nave central. Hoy ha dado un giro y en sus visitas guiadas es posible visitar las entrañas de este misterioso convento en interesantes rutas de 1,30 h (📞 55 222721; www.exteresa.bellasartes.gob.mx; Lic. Verdad, 8; entrada gratis; ⊗ 10 am-6 pm ma-vi).

### Plaza de Tlatelolco PLAZA

**12** ⊙ (fuera de plano)

También es conocida como plaza de las Tres Culturas, ya que en su explanada central conviven los restos de una pirámide prehispánica, una iglesia colonial y un corriente edificio construido en los años sesenta. Hasta la llegada de los conquistadores, Tlatelolco fue una de las plazas más importantes en el México prehispánico y centro neurálgico de Tenochtitlán. Su nombre va ligado a la historia reciente de México tras los trágicos sucesos de 1968, cuando un grupo paramilitar abrió fuego desde las azoteas contra una multitud de jóvenes que protesta-

ba contra el Gobierno de Gustavo Díaz Ordaz (**M** Tlatelolco).

# Dónde comer

### El Cardenal MEXICANA $$

**13**  plano p. 28, E3

Se trata de un clásico con 45 años de vida en el que se pueden saborear las mejores recetas de la provincia. Destacan sus chiles en nogada, las enchiladas o los moles acompañados de pan recién hecho. También es exquisita la sopa de pescado y nopal. Uno de los mayores placeres es desayunar tamales o el exclusivo chocolate de la casa. En esta casona de cantera de tres pisos es fácil coincidir con alguna personalidad del mundo del arte o el espectáculo en un entorno distendido donde el tiempo y los sabores parecen haberse detenido (📞 55 218815; www.restauranteelcardenal.com; Palma 23 esq. Cinco de Mayo; ⊗ 8 am-6 pm lu-do; **M** Zócalo).

### Bar La Ópera MEXICANA $$

**14**  plano p. 28, E3

De estilo francés, es una de las cantinas más antiguas de la ciudad. El lugar sigue manteniendo la esencia de la madera y su barra, que llegó desde Nueva Orleans en 1870, conserva aún el tallado de la época. En esta cantina comió Francisco Villa cuando entró a caballo con sus hombres en la ciudad e hizo un disparo al techo, cuyo agujero es uno de los atractivos del lugar. Personalidades de todo tipo han pasado por aquí a comer o a tomar un tequila (☎55128959; www.barlaopera. com; Cinco de Mayo esq. Filomeno Mata; ⏰1 pm-12 pm lu-sa, 1 pm-6 pm do; Ⓜ Allende y Bellas Artes).

## Café Tacuba /Limosneros
MEXICANA $$

15 🍴 plano p. 28, H5

Aquí se puede probar comida tradicional mexicana que no ha traicionado ni el sabor ni la sazón. El restaurante se ubica en un señorial edificio virreinal y está adornado con arte sacro. A un costado del Café Tacuba se encuentra el notable restaurante Limosneros, en

Bar La Ópera.

✓ Consejo

### Calle Regina

Desde hace algunos años, la calle Regina se ha convertido en el epicentro de la vida nocturna del Centro Histórico. Hasta el 2010 era una calle relativamente insegura y poco iluminada, pero desde su peatonalización, cada fin de semana se llena de jóvenes en busca de música, buen mezcal o ritmos para bailar. Destacan establecimientos como **Los Canallas** (Regina 58), con una pizzería y un restaurante japonés; **El Mexicano** (Regina 27), con una enorme variedad de cervezas de importación, mezcales y hasta pulque; y **El Aljibe** (Regina 46), con clásicos de la comida rápida como alitas de pollo y hamburguesas, y buena música.

el que la misma familia ha diseñado una carta con una extraordinaria variedad de platillos mexicanos contemporáneos que deslumbran hasta al más exigente *gourmand*. Este binomio de cocina de autor y tradicional honra lo mejor de la tradición culinaria de la capital (☎55 215576; www.limosneros. com.mx; Ignacio Allende 3; ⏰1.30 pm-10 pm lu, 1.30 pm-11 pm ma-sa, 1.30 pm-6 pm do; Ⓜ Allende y Bellas Artes).

## Restaurante Chon
MEXICANA $$

16 🍴 plano p. 28, B4

Es uno de los restaurantes más originales del país gracias a sus recetas prehispánicas y a la posibilidad de comer platillos que jamás se encontrarán en otro sitio: chapulines, gusanos de maguey, avestruz, jabalí... Es una apuesta para valientes que quieren vivir una experiencia gastronómica única inspirada en recetas prehispánicas, como las albóndigas de venado en salsa de huitlacoche, los escamoles (huevos de hormiga) o el cocodrilo en mole verde. Pero en el local de don Chon, un viejo cocinero de más de 70 años que lleva 48 atendiendo personalmente, hay también platos algo menos arriesgados, como la sopa de médula, la lengua o las ancas de rana (☎55 420873; Regina 160; ⊙12.30 pm-6 pm lu-sa, do cerrado; Ⓜ Merced y Pino Suárez).

### Café Habana

MEXICANA $

 17 plano p. 28, H2

Además de un buen lugar para comer, tiene el encanto de la tradición y lo decadente. Dice la leyenda que al olor de su café el Che Guevara y Fidel Castro pasaron aquí muchas mañanas dando forma al desembarco del *Granma,* que iniciaría la Revolución Cubana. Está en la colonia Juárez, otrora lugar de residencia de las clases altas de la ciudad que dejaron el centro en busca de otro urbanismo (☎55 46-0255/55 35-2620; Morelos 62 esq. Bucareli; ⊙7 am-11 pm lu-sa, 8 am-11 pm do; Ⓜ; Balderas).

### Mercado Abelardo Rodríguez

MEXICANA $

18 plano p. 28, H2

Fundado en 1933, el mercado Abelardo Rodríguez es una joya escondida en el corazón del Centro Histórico. Fue levantado como un nuevo modelo de comercio para la clase obrera y llegó a ser el segundo mercado más importante de la ciudad. Originalmente incluía escuela, comedor y guardería para los hijos de los trabajadores, pero hoy es el mejor lugar para empezar el día con un buen desayuno a precios populares y rodeado de espectaculares murales pintados por los alumnos de Diego Rivera (República de Venezuela, 72).

# Dónde beber

### Tenampa

CANTINA

19 plano p. 28, E1

A un costado de la plaza se encuentra la cantina más auténtica y popular del lugar. En sus paredes están pintados los mejores cantantes mexicanos, de Jorge Negrete a Lola Beltrán, y en sus mesas se han emborrachado, más de una vez, Joaquín Sabina, Chavela Vargas o José Alfredo Jiménez. Aquí se podrá comer, beber y comprar las canciones que se quiera a los mariachis que serpentean entre las mesas (☎55 26-6176; www.salontenampa.com; pl. Garibaldi 12; ⊙1 pm-2 am do-ju, 1 pm-4 am vi-sa; ⓂGaribaldi).

## Salón Corona    CANTINA

**20** 🚇 plano p. 28, E3

El Salón Corona de la calle Bolívar (no las franquicias abiertas después) es un lugar bastante popular donde acuden desde hace décadas los estudiantes. Destacan sus cervezas de barril y ricos tacos de bacalao servidos

## Vida local

### De terrazas

La visita de las terrazas del Centro Histórico es una ruta más que agradable. Algunas de ellas son muy poco conocidas: por ejemplo, la del piso 8º del edificio Sears, frente al palacio de Bellas Artes, donde se puede tomar un café mientras se contempla la explanada de Bellas Artes. Otra que vale la pena es la del **Hotel Majestic,** en la esquina de Madero con el Zócalo, un hotel con más de 100 años de historia. Aquí se puede comer agradablemente mientras se disfruta de las vistas. Pero hay que olvidarse de ir solo a mirar: es imprescindible consumir. Justo detrás de la catedral se encuentran dos de las más recientes, la del **Centro Cultural de España** (Guatemala 18), desde la que se pueden ver los volcanes en días despejados, y la de la **librería Porrúa** (República Argentina 17), con vistas al Templo Mayor. En ambas, además de buenos tequilas y cervezas, hay menú del día a precios razonables.

por una legión de meseros que no dan tiempo a que se caliente la cerveza. Es el sitio ideal para hacer una pausa en medio del bullicio (Bolívar 26; ⏱10 am-11.30 pm lu-do; Ⓜ Allende).

## Pasagüero    BAR

**21** 🚇 plano p. 28, E3

Es uno de los mejores lugares de la ciudad para escuchar *rock,* música electrónica y bandas alternativas nacionales y extranjeras. Se trata de un lugar amplio con una buena programación que hay que consultar en Facebook, ya que cambia cada semana. Entre semana es posible comer un rico menú por $85 (Motolinía 33; ⏱12 am-3 am ju-sa).

## El Bósforo    BAR

**22** 🚇 plano p. 28, C3

Buena música, buen mezcal y buen ambiente han convertido El Bósforo en uno de los lugares de moda de la ciudad. Su encanto tiene que ver con la discreción con la que ha ido creciendo su fama, de boca en boca y entre muchos de los jóvenes que habitan el Centro Histórico, que han encontrado aquí el mejor lugar para charlar mientras degustan mezcales de su carta y las especialidades de la casa: las quesadillas con chapulines y hoja santa en tortillas de maíz azul (Luis Moya 31 esq. Independencia; Ⓜ Bellas Artes y Balderas).

El Zinco Jazz Club.

### EL Zinco Jazz Club

CLUB DE JAZZ

24  plano p. 28, F3

Es la catedral del *jazz* en la Ciudad de México. Ubicado en el sótano de un viejo banco, todavía pueden apreciarse las bóvedas de acero que lo cubren y que le dan al lugar una acústica especial. La luz tenue, las mesas bajas junto al escenario y las cortinas rojas crean un ambiente auténtico donde se puede disfrutar de las mejores bandas nacionales y extranjeras. No tiene una gran carta de comidas, pero sí sencillos platillos, como brochetas, ensaladas o tacos bien preparados. Lo ideal es cenar antes y disfrutar después del concierto y de la amplia variedad de *whiskies* de su carta (📞55123369; www.zincojazz.com; Motolinía 20; Ⓜ Garibaldi).

### La Perla

BAR CON ESPECTÁCULO

23  plano p. 28, G2

De aire decadente y alocado, es uno de los mejores lugares para continuar la fiesta. Se trata de un clásico de la noche mexicana donde cualquier cosa puede pasar. Ofrece música *retro* y dos *shows* de travestis a lo largo de la madrugada, en medio de un ambiente relajado y divertido. Conviene llegar entre las 9 pm y las 10 pm porque el lugar se llena. La entrada cuesta $60 (📞19977695; República de Cuba 44; Ⓜ Allende).

## Ocio

### Arena Coliseo

LUCHA LIBRE

25  plano p. 28, F2

Unas cuadras detrás de la catedral está el Arena Coliseo, un lugar pequeño y abigarrado pero muy divertido, donde se celebran espectáculos de lucha libre. Llegar al Arena Coliseo es ya en sí un paseo digno de realizar gracias a la multitud de puestos callejeros que venden máscaras y otros recuerdos de sus ídolos. Se recomienda comprar las butacas de la parte de abajo para estar más cerca de los luchadores (📞5526 7765; 🕐 do mañana y tarde; República de Perú 77; $50-300; Ⓜ Allende y Garibaldi).

# De compras

### Downtown CENTRO COMERCIAL

26 🔒 plano p. 28, F3

Es uno de los lugares de moda del Centro, que incorpora poco a poco en su oferta lugares como este. En el patio central hay varios restaurantes y en los pisos superiores se pueden encontrar exclusivas tiendas de embutidos *gourmet,* ropa, artesanía mexicana o pan. Hay también un hotel operado por el prestigioso Grupo Habita (📞51 306830; www.downtownmexico.com; Isabel La Católica 31; 🕐9 am-1 am lu-do; Ⓜ Zócalo).

### Mercado de artesanías de La Ciudadela MERCADO

27 🔒 plano p. 28, B4

Aquí es posible encontrar una gran variedad de artesanías de todo el país, de plata a textiles y de hamacas a máscaras, gracias a los 336 locales que ocupan una manzana completa. El lugar ideal para comprar los últimos regalos en poco tiempo y a buen precio (📞55 101828; pl. Ciudadela 1 y 5; 🕐10 am-7 pm lu-sa, 10 am-6 pm do; Ⓜ Balderas).

### Mercado de La Lagunilla MERCADO

~~domingo~~

28 🔒 plano p. 28, F1

Una de las visitas obligadas del domingo es el mercado de La Lagunilla. Es el lugar favorito de los coleccionistas y amantes de los objetos antiguos y raros. Aunque no se compre nada, bucear entre los puestos de este entretenido mercado es un viaje a través de la historia reciente del país (Gonzalo Bocanegra s/n; 🕐9 am-6 pm do).

### El Chopo MERCADO

29 🔒 plano p. 28, B1

Los 200 puestos que se distribuyen a lo largo de la calle Sol y la calle Luna hacen del lugar un referente para los amantes de la música y las bandas *underground*. De su escenario, que se levanta en uno de los extremos, han salido bandas como Café Tacvba, Santa Sabina o Julieta Venegas. Coleccionistas y melómanos pueden encontrar ropa y discos imposibles de conseguir en ningún otro sitio. El lugar incluye un curioso mercado de trueque de libros y discos (Aldama, entre las calles Sol y Luna; 🕐11 am-5 pm sa; Ⓜ Buenavista).

### Mercado de San Juan PRODUCTOS GOURMET

30 🔒 plano p. 28, C4

Ubicado a pocas manzanas de la Alameda Central, el mercado de San Juan es el mejor lugar para encontrar quesos, embutidos, carnes y pescado. Es también un lugar ideal para comer los típicos antojitos mexicanos o exóticas carnes de cocodrilo o venado (www.mercadosanjuan.galeon.com; Ernesto Pugibet 21; 🕐7 am-5 pm lu-do).

Explorar

# La Roma

Lugar de residencia de las clases altas a principios del s. XIX, fue uno de los primeros barrios con todos los servicios necesarios. Muchas de sus casas estilo *art nouveau* sufrieron el terremoto de 1985 y la zona se sumió en el abandono. Hoy se multiplican los lugares más *cool* y tiendas de moda y diseño, coctelerías y restaurantes conviven con locales de toda la vida. La Roma marca el paso de la capital.

# Lo mejor en un día

☀ Es aconsejable comenzar el día con un rico desayuno en el **Café Toscano** (p. 49), a un costado de la **plaza Río de Janeiro** (p. 46). De ahí se puede caminar por la calle Tabasco hasta la plaza Romita y perderse por el laberinto de calles para conocer la iglesia de este pequeño pueblo incrustado en medio de La Roma. Luego se sale por la bulliciosa Cuauhtémoc o por Mérida hasta la **avenida Álvaro Obregón** (p. 46) y se recorre esta calle, columna vertebral de la colonia.

☀ Para comer, un buen lugar es el restaurante **Casa Lamm** (p. 49), una antigua casona afrancesada y lugar emblemático de la colonia. Luego, tras cruzar la calle, se llega por Orizaba hasta la **plaza Luis Cabrera** (p. 47). Para rematar la tarde se puede dar un agradable paseo por esta zona, donde vivieron los escritores **Burroughs** y **Kerouac** (p. 42).

☽ Al atardecer, una buena opción es cenar en **Broka Bistrot** (p. 48) y tomar después un trago en **Limantour** (p. 51). Si quedan fuerzas, se puede ir a bailar a **El Imperial** (p. 52), a pocas calles de allí.

### 🔍 Vida local

El barrio de Burroughs y Kerouac (p. 42)

### 💜 Lo mejor

**Paseos**

Avenida Álvaro Obregón (p. 46)

Plaza Río de Janeiro (p. 46)

Plaza Luis Cabrera (p. 47)

**Restaurantes y bares**

Limantour (p. 51)

Broka Bistrot (p. 48)

El Parnita (p. 50)

## Cómo llegar

Ⓜ **Metro** Insurgentes, Hospital General, Centro Médico (línea 3).

🚌 **Metrobús** Álvaro Obregón, Sonora, Campeche, Nuevo León (línea 1).

Vida local
# El barrio de Burroughs y Kerouac

A mediados del s. xx, la antigua colonia Roma se convirtió en el refugio de personajes como Jack Kerouac, William Burroughs o Allen Ginsberg, máximos exponentes de la Generación Beat, que hallaron en La Roma un espacio creativo "donde era posible vivir con dos dólares al día". Aquí encontraron el encanto de lo decadente, un buen lugar para huir de la policía y la inspiración necesaria para escribir sin parar.

.......................................

❶ **La primera parada**
El paseo literario empieza en la **calle Alvarado 37** (antes llamada Cerrada de Medellín). Aquí llegó William Burroughs (1914-1997) junto a su esposa a finales de los años cuarenta huyendo de EE UU, donde había sido acusado de posesión de drogas. En esta misma casa aparecieron luego Jack Kerouac y

Neal Cassady, en 1950, tras completar su famoso viaje en automóvil a México del que surgió la tercera parte de *En el camino,* la obra más representativa de la Generación Beat.

### ❷ Su bar

Un punto obligado en el recorrido literario es el nº 122 de Monterrey, casi esquina con Chihuahua. Allí se encuentra el bar **El Bounty** (en *Yonki* y *Queer* aparece como Ship Ahoy), frecuentado por Burroughs y sus amigos. El 6 de septiembre de 1951, Burroughs y su esposa, Joan Vollmer, fueron invitados a la casa de John Healey, amigo de ambos que vivía en el departamento número 10 en el piso de arriba de El Bounty. Allí se celebró una reunión que terminó en catástrofe: entre el fluir del alcohol y las drogas, Burroughs, ante la insistencia de su mujer, quiso emular a Guillermo Tell disparándole a un vaso que esta se había colocado sobre la cabeza. La ocurrencia acabó con la muerte instantánea de Joan Vollmer. Burroughs fue hallado culpable de homicidio por negligencia y condenado a dos años de cárcel.

### ❸ Siguiente parada

A diez minutos a pie de la calle Alvarado está la **calle Orizaba 210:** la considerada sede informal de los *beats* en la Ciudad de México. La vieja casa de antaño fue demolida y hoy hay un anodino edificio de departamentos de ladrillo frente al cual de vez en cuando se paran los curiosos. En un cuarto de adobe sobre el tejado de esa vivienda, Kerouac escribió partes del poemario *Mexico City Blues* y su novela corta *Tristessa*. Burroughs, por entonces adicto a la heroína, escribió *Queer* en un departamento del mismo edificio.

### ❹ La plaza

En la **plaza Luis Cabrera** se reunían los *beats* para hablar del nirvana, aturdidos por el alcohol, la marihuana y la heroína. Una noche, después de ingerir peyote con Burroughs, Kerouac se tumbó en el césped de la plaza Cabrera para experimentar el alucinógeno, según se cuenta en *Burroughs y Kerouac: dos forasteros perdidos en México*. Kerouac también fue a parar a esta plaza luego de tomar morfina y caminar bajo la lluvia, un recorrido que describió en *Tristessa* y que probablemente empezó en el barrio de La Lagunilla

### En palabras de Burroughs

"La ciudad de México me gustó desde el primer día que llegué'", escribió Burroughs en el prólogo de *Queer*. "En 1949, era un lugar barato para vivir, con una gran colonia extranjera, burdeles y restaurantes fabulosos, riñas de gallos, corridas y todas las diversiones imaginables".

# Puntos de interés

## Avenida Álvaro Obregón CALLE

1 plano p. 44, D3

Jalonada de casonas afrancesadas que se mezclan con feos edificios de los años setenta, es la columna vertebral de La Roma y una buena forma de conocer el ambiente bohemio de la zona. Fue una de las primeras calles de la ciudad que dispuso de luz eléctrica, bancos para descansar, banquetas anchas para caminar o estatuas para decorar los bulevares. Separa la Roma Norte de la Sur y es agradable perderse por cualquiera de las calles de los laterales. Además de tiendas y restaurantes, frente al número 123 hay una inmensa estatua de Cantinflas junto al hospital donde falleció el genial actor (M Insurgentes Álvaro Obregón).

## Plaza Río de Janeiro PLAZA

2 plano p. 44, E2

Esta plaza agradable y arbolada es uno de los pulmones verdes de la colonia. No hay que perderse la Casa de las Brujas, un precioso edificio de ladrillo al que las modificaciones posteriores convirtieron en referente del *art decó* mexicano. Si es posible, hay que asomarse para ver el original patio interior (av. de México esq. Michoacán; M Insurgentes Durango)

Plaza de Río de Janeiro.

## Plaza Luis Cabrera · PLAZA

**3** ⊙ plano p. 44, E3

A principios del s. xx, en la plaza Río de Janeiro vivían los señores y en la plaza Luis Cabrera, el servicio. Con el paso de los años, se convirtió en otra de las grandes plazas con que cuenta la colonia. Ubicada entre las calles Guanajuato y Zacatecas, la plaza Luis Cabrera es más tranquila y discreta que la anterior. Cuenta con una bonita fuente que se activa de vez en cuando y buenos restaurantes con terraza a su alrededor (🚇Álvaro Obregón MHospital General).

## Plaza Madrid · PLAZA

**4** ⊙ plano p. 44, B2

Destaca porque tiene una réplica exacta de la fuente de la Cibeles de Madrid, símbolo de hermanamiento entre las dos ciudades. Es uno de los puntos importantes de la colonia, ya que comunica con la avenida Reforma y cuenta con parada de Turibus y estación de Ecobici. Hay, además, animados restaurantes alrededor y los fines de semana se instala un tianguis de ropa, mercancías chinas y perfumes falsos que añade más bullicio a la plaza (av. Oaxaca esq. Durango; 🚇Durango MInsurgentes).

# Dónde comer

## Félix Restaurante · INTERNACIONAL $$

**5** ✕ plano p. 44, F3

Es conocido por sus minihamburguesas servidas con gusto, buena carne y mejor guarnición. Tiene *look* neoyorquino y es punto de encuentro de muchos de los *hipsters* que el fin de semana abarrotan el lugar para cenar o echar un trago (Álvaro Obregón 64; ⊙6 pm-2 am ma-sa; 🚇Jardín Pushkin MInsurgentes).

## Máximo Bistrot · MEXICANA DE VANGUARDIA $$$

**6** ✕ plano p. 44, D4

Es el restaurante más reconocido de La Roma y uno de los lugares de moda de la ciudad. Gente que jamás pisaría la colonia viene con frecuencia a probar los platos del chef mexicano Eduardo García en su restaurante, multipremiado por su comida sencilla, de origen mexicano, que se retroalimenta de sabores internacionales. Es habitual encontrarse a famosos probando su delicioso atún o las ensaladas. Hay menú del día, que varía en función de los productos frescos del mercado, o un completo menú degustación al precio de $ 800. Cuenta con terraza para fumadores y una buena carta de vinos; hay que reservar, al menos, con cuatro días de antelación (☎52644291; Tonalá 133; ⊙1 pm-11 pm ma-sa, 1 pm-7 pm do; 🚇Sonora MHospital General).

## Mog ORIENTAL $

**7** plano p. 44, F3

Auténtica cocina oriental a buen precio y en un ambiente donde abunda la gente joven y originales objetos. Todo se puede comprar en este exótico restaurante, desde las sillas hasta los platos. Por lo menos hay que esperar media hora para comer (www.mog-mexico.com; ☏52640016; Álvaro Obregón 40; ⏰lu-sa 1 pm-12 am lu-sa, 1 pm-7 pm do; ⛎Álvaro Obregón Ⓜ Insurgentes).

## Mercado Roma MEXICANA/INTERNACIONAL $$

**8** plano p. 44, C4

Abrió sus puertas a bombo y platillo en el 2014 y en pocos meses se ha convertido en el lugar de moda. Construido sobre lo que era un antiguo salón de baile, en su interior se mezclan decenas de puestos que le dan un aspecto de mercado *gourmet* tradicional. No es barato, pero es posible elegir entre las exquisitas carnes *wagyu* de **Rancho Las Luisas** (local 32), la comida turca de **Arbanus** (local 22) o los lácteos ecológicos y artesanales de **Villa de Patos** (local 11) casi sin moverse. Es mejor ir entre semana, porque los sábados y domingos es casi imposible caminar (Querétaro 225; ⏰mercado 9 am-6 pm, restaurantes 9 am-12 am lu-do; ⛎Sonora).

## Pozolería Ixtla MEXICANA $

**9** plano p. 44, F3

Aquí se encontrará el lujo de lo sencillo y de lo popular. En esta tranquila pozolería se sirve con diligencia uno de los mejores pozoles de la ciudad. Hay, además, una larga carta con los platillos más típicos de Guerrero a precios económicos. El pozole verde de pipián no tiene comparación y se sirve con chicharrón, lechuga, rábano y aguacate (Zacatecas 59; ⏰1 pm-9 pm lu-do; ⛎Jardín Pushkin).

## Broka Bistrot INTERNACIONAL $$

**9** plano p. 44, E4

Aquí se conserva el aire de un bar de barrio para los vecinos de La Roma. Para cenar, el chef va sacando tapas a su antojo hasta que uno dice basta. Casi puede ahorrarse mirar la carta, ya que todo es de primera calidad. Tiene un patio interior que se esconde al visitante y al que se accede por la cocina, donde se puede fumar, así como una buena carta de vinos (www.brokabistrot.com; ☏44374285; Zacatecas 126; ⏰2 pm-12 am lu-sa; ⛎Álvaro Obregón Ⓜ Insurgentes).

## Belmondo SÁNDWICHES $$

**10** plano p. 44, F2

Donde hasta hace poco había una vieja lavandería se levanta uno de los lugares más *cool* de la colonia, un lugar para probar un menú sencillo en el que sobresalen potentes sándwiches y ensaladas. El resto de la carta está dedicado a las bebidas. Al calor de las conversaciones y la luz tenue, es habitual ver a actores o famosos cantantes disfrutando de buenos tragos (www.

belmondoroma.com.mx; 📞62732079;
Tabasco 109; 🚇Álvaro Obregón).

## Romita Comedor  MEXICANA DE VANGUARDIA $$

**12** 🍴 plano p. 44, F2

Más que un restaurante es un concepto completo que incluye tiendas,
coctelería y restaurante. Arte, diseño y
buen gusto *vintage* se mezclan en una
casona de estilo vintage con bri-
llantes toques de hierro y mosaico. En
el restaurante de dos pisos es posible
disfrutar de buenos ceviches, carnitas
de pato o mixiote de escamoles. En
resumen, cocina mexicana apoyada en
una buena selección de bebidas y un
ambiente impecable (www.romitacome-
dor.com; 📞55258975; Álvaro Obregón 49;
🕑2 pm-2 am lu-sa y 2 pm-6 pm do; 🚇Álvaro
Obregón).

## Casa Lamm MEXICANA DE VANGUARDIA $$

**12** 🍴 plano p. 44, E3

Esta casona afrancesada de 1911 fue
propiedad de una de las familias más
acomodadas del país y es uno de los
mejores exponentes para conocer por
dentro una de las viviendas que algún
día llenaron La Roma. Convertida en
centro cultural hoy en día, es punto de
referencia para la cultura de la ciudad.
Cuenta con un elegante restaurante
(Nueve Nueve) que sirve un fantástico
pulpo a las brasas y buena carta de
mezcales. Se puede disfrutar de una
placentera pausa en el jardín o en
cualquiera de las salas en las que suele haber exposiciones y presentaciones

de libros (www.casalamm.com.mx; Álvaro
Obregón 99; 🕑1.30 pm-11 pm lu-sa, 1.30 pm-
6 pm do; 🚇Álvaro Obregón).

## Café Toscano INTERNACIONAL $

**14** 🍴 plano p. 44, E1

Buen café, buena repostería, pan dulce
y sándwiches muy básicos hacen de
este lugar uno de los favoritos de los
lugareños, que encuentran aquí una
magnífica esquina junto a la plaza
Río de Janeiro para ver y ser vistos,
además de para picar algo rápido y sin
pretensiones disfrutando de su terraza
junto a los árboles (Orizaba 42; 🕑7.30
am-11 pm lu-ju; 7.30 am-12 am vi, 8.30 am-
12 am sa, 8.30 am-10 pm do; 🚇Durango).

Casa Lamm.

Consejo

## La Romita

Es la zona más antigua y auténtica de La Roma. Ajena al bullicio de la avenida Álvaro Obregón y la calle Cuauhtémoc, se levanta como un secreto esta pequeña colonia con aspecto de pueblo donde todos se conocen. Aquí, Luis Buñuel rodó varias escenas de *Los olvidados* y hoy es una de las zonas preferidas de escritores e intelectuales que encuentran en sus calles el encanto que se perdió en otras zonas de La Roma. Justo al llegar a la esquina de la plaza Romita y el callejón Romita, los edificios están llenos de color, gracias a la intervención de diferentes artistas urbanos de la zona. Y a un costado se encuentra el huerto de La Romita, un espacio comunitario donde se cultiva de forma ecológica.

### El Parnita                    MEXICANA $

15 🍴 plano p. 44, D4

El lugar favorito para la gente del cine y la publicidad, que abarrotan a diario el lugar. Un epicentro *hipster* gracias a un menú básico, pero bien diseñado: tacos de camarón empanizado con cebolla morada, ensaladas, tortillas hechas a mano y buen mezcal son la receta del éxito (Yucatán 84; ⏰1 pm-6 pm ma-do; 🚇Sonora).

### Rosetta                       ITALIANA $$$

16 🍴 plano p. 44, E2

Desde fuera, este restaurante ofrece un escenario casi veneciano, apropiado para una escena romántica. Elegante pero sencillo, amplio pero con las mesas justas y con ciertas dosis de exclusividad, es otro de los lugares de moda de La Roma donde lograr una mesa es como pedir una audiencia con el papa. No por nada su dueña, Elena Reygadas, ha sido reconocida como una de las mejores chefs de Latinoamérica en el 2014 en la lista de Latin America's 50 Best. Ofrece cocina italiana acompañada de *burrata* casera, pan recién horneado y lasañas de pasta fresca con mango. Justo enfrente hay una panadería con el mismo nombre, en la que se venden un exquisito pan de mezcal que hace las delicias de los muchos europeos que han llegado a vivir a la colonia (📞55337804; Colima, 166; ⏰1.30 pm-11 pm lu-sa; 🚇Álvaro Obregón).

### Covadonga                     ESPAÑOLA $

17 🍴 plano p. 44, E1

El club social de la comunidad asturiana es una de las cantinas con más fama y tradición de La Roma. Cualquier día de la semana, por las noches, en su salón con aire español se dan cita incondicionales del dominó que peinan canas mezclados con los escritores, periodistas y cineastas más modernos. Ambiente alegre y bullicioso que se puede acompañar de sabrosas croquetas, tortilla de patata o sus famosos pepitos de pierna. El servicio es eficaz y meseros de saco blanco vuelan de lado a lado del inmenso salón (www.banquetescovadonga.com.mx; ☎55332701; Puebla 121; ⏱11 am-3 am lu-do; Ⓜ Insurgentes).

## Aurora
INTERNACIONAL $$

18 🍴 plano p. 44, E3

Buena música, tapas, copas y una buena selección de cocteles internacionales hacen del Aurora un espacio sofisticado en medio de la avenida Álvaro Obregón. Al buen ambiente se suma una peculiar arquitectura de techos bajos con gran pasillo central, en el que se encuentra la barra. Es muy frecuentado por los vecinos para tomar una copa al final de la jornada (☎55315828; Álvaro Obregón 126; ⏱5 pm-2 am mi-sa; Álvaro Obregón).

## Contramar
PESCADOS Y MARISCOS $$

19 🍴 plano p. 44, B2

Algo tiene este lugar que siempre está hasta arriba de gente. Pueden ser sus buenos precios o su variedad en comida de mar. Filas de gente esperan pacientes su turno en el exterior con la idea de probar buen marisco y pescado. La especialidad son las tostadas de *tataki* de atún. Su ubicación en una de las plazas más singulares de La Roma, la Cibeles, garantiza buen ambiente y mucho público extranjero (☎55143169; Duran-

go 200; ⏱12.30 pm-6.30 pm do-ju y 12:30 pm-8 pm vi-sa; Durango).

# Dónde beber

## Romelia
VINOS Y TAPAS

20 🍷 plano p. 44, F2

Un lugar pequeño, sencillo y discreto, que sin hacer ruido se ha convertido en otro de los puntos calientes de la colonia gracias a su ambiente bohemio. Vinos y tapas son los platos fuertes de este lugar, que los sábados se llena de gente del mundo del cine que disfruta de los DJ hasta la calle. La noche de los martes hay catas de mezcales y el jueves también es un buen día para ir (Tabasco 99; ⏱17 pm-2 am ma-sa; Álvaro Obregón y Jardín Pushkin).

## Limantour
LICORERÍA

21 🍷 plano p. 44, E3

Donde antes estaba la librería del periódico *La Jornada* hoy está la coctelería más *chic* de la colonia. Los tragos cuestan desde 100 pesos, pero están servidos por expertos mixólogos que cuidan hasta el último detalle. No por nada los prestigiosos The World's 50 Best Bars Awards acaban de colocar a la Licorería Limantour en el lugar 47. En su ambientación, Limantour reinterpreta materiales utilizados en el *art decó* que lo convierten en un lugar acogedor para charlar o fumarse un cigarro en los bancos de fuera (www.limantour.tv;

📞52075022; Álvaro Obregón 106; 🕐2 pm-2 am lu-do; 🚇Álvaro Obregón).

## La Graciela Taller de Cerveza

MEZCALERÍA

**22**  plano p. 44, E4

Junto a los cócteles y el mezcal, la otra bebida de moda es la cerveza artesanal. Aquí se puede disfrutar de la mejor Primus y de algo de picar en un ambiente relajado de mesas de madera. Pero no solo se puede comer y beber, sino que en solo 6 h se puede hacer un curso rápido de fabricación de cerveza por $ 850, que incluye la comida y un vaso del resultado obtenido. Los fines de semana se llena, como casi todos los lugares de la calle Orizaba (📞55842728; Orizaba 161; 🕐12 pm-12 am lu-mi, 12 pm-2 am sa y 2 pm-22 pm do; 🚇Centro Médico 🚇Álvaro Obregón).

# Ocio

## El Imperial

SALA DE CONCIERTOS

**23**  plano p. 44, B3

Es un club al viejo estilo donde acudir a bailar sin apreturas. Música impecable, suave iluminación y paredes y cortinas de terciopelo rojo estilo *vintage* caracterizan este local, que tiene un escenario en la parte de abajo y un ambiente diferente en la de arriba (📞55251115; Álvaro Obregón 293; 🕐9 pm-4 am mi-sa; 🚇Insurgentes).

## Cine Tonalá

CINE

**24** ⭐ plano p. 44, D5

Alejado del bullicio de Álvaro Obregón y Orizaba, el cine Tonalá es una de las sorpresas de los últimos años. Este fresco e innovador espacio es la casa de manifestaciones independientes de cine, música y teatro, además de contar con una sala multifuncional para exposiciones y talleres, y de una librería especializada. No hay que perderse su bar, lugar de encuentro de la gente joven del barrio, con una original carta de tragos (www.cinetonala.com; 📞5264 4101; Tonalá 261; 🕐2 pm-12 am ma-ju, 1 pm-1.30 am vi-do; 🚇Hospital General 🚇Sonora).

## Mama Rumba

MULTIFORO

**25** ⭐ plano p. 44, C4

Es uno de los antros que nunca defrauda porque después de 20 años sigue siendo el lugar favorito de la comunidad latina en CDMX. Para disfrutar del baile tropical junto a grandes bailarines y sudar hasta la madrugada con ritmos latinos. Entre todas las propuestas de bebida, no cabe duda: hay que pedir un mojito (📞5564-6920; Querétaro 230; 🕐9 pm-3 am mi-sa; 🚇Sonora 🚇Chilpancingo).

## M.N. Roy

SALA

**26** ⭐ plano p. 44, F4

Su descuidado aspecto exterior nada tiene que ver con el templo que se abre si se consigue que el vigilante de la puerta deje pasar, una tarea nada fácil. Es uno de los lugares de referencia de la noche gracias a la impecable calidad musical de los mejores DJ y su espectacular arquitectura interior. Un pasillo claroscuro, con paredes de piedra volcánica, conduce a una sala de baile con forma de pirámide. El mejor momento llega a partir de las tres de la mañana (www.mnroyclub.com; Mérida 186; ☺11 pm-6 am mi-sa; 🚇Álvaro Obregón y Jardín Pushkin).

### Rhodesia                              SALA

27 ⭐ plano p. 44, C2

El club Rhodesia es otro de los lugares de referencia de la noche chilanga. Igual que en el M.N. Roy, el ac-

ceso a esta casona típica de La Roma depende del aspecto y del estado de ánimo del portero, lo que hace desagradable la espera. Una vez dentro, es un paraíso para los amantes de la música electrónica y el baile hasta la madrugada (www.clubsocialrhodesia.tv; ✆5533-8208; Durango 181, esq. Glorieta de Cibeles; 🚇Durango MInsurgentes).

## De compras

### Galería Vértigo          DISEÑO MODERNO

28 🔒 plano p. 44, G2

Serigrafías, vinilos, juguetes de diseño, carteles de época, libros de

La Romita (p. 50).

La Graciela-Taller de Cerveza (p. 52).

arte y diseño, películas de culto... la Galería Vértigo es uno de los mejores exponentes de lo que se cuece en arte y tendencias en México. Jorge Alderete y Clarisa Moura están detrás de este lugar a medio camino entre tienda, sala de exposiciones y academia. Es conveniente visitar la web para enterarse de los eventos (www. vertigogaleria.com; Colima 23, a una cuadra de av. Cuauhtémoc; ⏰12 pm-8 pm lu-vi, 12 am-7 pm sa, 12 pm-6 pm do; Ⓜ Cuauhté-moc 🚉 Jardín Pushkin).

## Piezas Únicas　　DECORACIÓN

29 🔒 plano p. 44, G2

Hace honor a su nombre. Esta tienda es una suerte de galería de objetos divertidos, muebles, joyas y ropa de época. Un templo del *vintage* con justos precios donde se puede comprar algo para regalar o decorar la casa (📞55 52765611; Álvaro Obregón 53-A; ⏰11 am-7 pm ma-vi, 12 pm-3 pm sa, 12 pm-4 pm do; 🚉 Sonora).

## Mercado Cuauhtémoc

ANTIGÜEDADES

30 🔒 plano p. 44, G1

Aquí se encontrarán desde frutas y verduras hasta mercadería popular. También esconde multitud de antigüedades: joyas literarias, tocadiscos de época, maletas o lámparas (av. Cuauhtémoc; ⏲️ 7 am-5 pm sa-do 🚇 Jardín Pushkin).

## Mercado de La Roma

OBJETOS Y DECORACIÓN

La lonja mercantil es el mercado itinerante con más onda de la ciudad. Una vez al mes, diseñadores de joyas, muebles, ropa y todo tipo de accesorios se dan cita en este encuentro itinerante que reúne interesantes creaciones (wwww.lonjamercantil.com).

 Vida local

## Mercados ecológicos de La Roma

Una buena opción para el fin de semana son los mercados ecológicos de La Roma. Uno de los más antiguos es el **huerto de La Romita** (www.huertoromita.com), donde venden semillas, organizan talleres y catas a domicilio. Otro interesante es el **Mercado El 100** (www.mercadoel100.org), que todos los domingos se monta en la plaza del Lanzador. Agricultores y artesanos ofrecen verduras, frutas, miel y hierbas curativas. Se recomienda ir temprano, ya que solo abre de 9.30 am a 3 pm. El más novedoso es el **huerto Roma Verde** (www.huertoromaverde.org), en la calle Jalapa, entre Coahuila y Campeche, donde siembran y venden más de 25 verduras y hortalizas diferentes promoviendo el comercio justo.

Explorar

# La Condesa

Levantada sobre el antiguo hipódromo, propiedad de una condesa, su distribución rompió con el trazado urbano en forma de cuadrícula del Centro Histórico. La Condesa es un lugar agradable, repleto de cafés, parques, fuentes y pequeñas plazas, que ha acogido a artistas, escritores y pintores cautivados por sus calles arboladas. En los últimos años se ha convertido en la principal zona de vida nocturna.

Hay que empezar con un buen café y dar un paseo por el **parque España** (p. 60). Luego, recorrer las calles del barrio hasta la **Capilla Alfonsina** (p. 60), donde se puede conocer la vida y obra del académico y diplomático Alfonso Reyes. El **Centro Cultural Bella Época** (p. 60) es un excelente lugar para tomarse un respiro entre libros y, si es necesario, comer algo.

Tras la pausa, es hora de pasear por la **avenida Ámsterdam** (p. 59), donde hay una enorme variedad de restaurantes y tiendas para todos los bolsillos. Luego se llega al **parque México** (p. 59), con un tumulto de jóvenes *hipsters* que hacen deporte o pasean a sus perros. Después de un reparador café en cualquiera de los muchos locales de las plazas Popocatépetl, Iztaccíhuatl o Citlatépetl y de un buen paseo, se puede optar por comer en el restaurante del actor Demián Bichir, **Rojo Bistrot** (p. 62).

Al atardecer se toma la calle Sonora y se vuelve de nuevo hasta el parque España. La **terraza del Hotel Condesa DF** (p. 64), junto al parque, es ideal para tomar una copa. Una opción más dulce es acercarse a la **Nevería Roxy** (p. 62). Para cenar se puede optar por la agradable terraza del **Vecchio Forno** (p. 63) y para cerrar el día, un mezcal en **Alipús** (p. 64).

 **Lo mejor**

**Un paseo cultural**

Capilla Alfonsina (p. 60)

Centro Cultural Bella Época (p. 60)

Kurimanzutto (p. 65)

**Dónde comer y beber**

Rojo Bistrot (p. 62)

Alipús (p. 64)

Felina (p. 66)

## Cómo llegar

Ⓜ **Metro** Chilpancingo, Patriotismo (línea 9).

🚌 **Metrobús** Álvaro Obregón, Sonora, Campeche, Chilpancingo, Nuevo León (línea 1) y Escandón y Patriotismo (línea 2).

A
B
C
D

C. Veracruz
C. Tampico
C. Sinaloa
Av. Sonora
C. Durango
C. Nuevo León
C. Valladolid

C. Agustín Melgar
15
C. Durango
C. Cozumel
C. Colima

Circuito Bicentenario
C. Juan de la Barrera
CONDESA
C. Veracruz
C. Guadalajara
Av. Sonora
Av. Álvaro Obregón

C. Zamora
C.
Zamora
14
Av. Mazatlán
C. Juan de la Barrera
17
Parque
España
Av. Nuevo León
Av. Amsterdam
Plaza
Popocatéptl

Av. Juan Escutia
C. Antonio Sota
3
Parque
España
9
C. Parras
Av. Sonora
C. Celada

C. Zamora
C. F. Montes
C. Tula
C. Pachuca
Av. Mazatlán
de Oca
13
Av. Juan Escutia
Av. Nuevo León
Citlaltepetl
Lago de
los Patos
C. México
Av. Amsterdam
23

C. Yautepec
C. Cuautla
C. Cuernavaca
C. Jojutla
C. Amatlán
C. Atlixco
C. Parral
C. Tenancingo
20
21
C. Tamaulipas
Av. Amsterdam
Parque
México
C. Teotihuacán
Avenida
Ámsterdam
24
1

Av. Mazatlán
C. Vicente Suárez
6
Av. Michoacán
Mercado
Michoacán
C. Nuevo León
12
C.
Ozuluama
26
Av. Michoacán
Parque
México
Av. México
10

Av. Michoacán
C. Campeche
Av. Mazatlán
C. Atlixco
Pto. Real
C. Tamaulipas
18
C. Ensenada
C. Campeche
C. Cholula
C. Saltillo
11
Av. Amsterdam
C. Culiacán
7
C. Iztaccíhuatl
Av. Insurgentes Sur
C. Chahe

19
A Galería
Kurimanzutto

Capilla
Alfonsina
5
C. G. Palacio
C. Irapuato
4
C. Reynosa
C. Ensenada
C. Alfonso Reyes
C. Cholula
C. Mexicali
25
16
C. Nuevo León
C. Campeche
C. Aguascalientes
C. Tlacotalpan
C. Tlax

Centro
Cultural
Bella Época
C. Gral. B. Hill
C. Saltillo
C. Tlaxcala
N
0
200 m

Patriotismo
Av. Benjamín Franklin
22
C. Ometusco
Chilpancingo

C. Comercio
C. Progreso
Jardín
Morelos
C. Minería
C. Cholula
C. Altata
C. Unión
C. Sindicalismo
C. Nuevo León
Av. Patriotismo

1
2
3
4
5

Avenida Ámsterdam.

# Puntos de interés

## Avenida Ámsterdam    CALLE

1  plano p. 58, D3

Una buena forma de conocer la Condesa es recorrer esta calle con forma elíptica (la del antiguo hipódromo), que aunque puede desorientar, es el epicentro de la colonia. En torno a ella se levanta la gran mayoría de los restaurantes y tiendas de la zona más *cool*. Tiene, además, un camellón arbolado que hace muy agradable el paseo y la posibilidad de apreciar su característico estilo *art decó*. Desde aquí es posible pasar por tres agradables plazas en las que tomarse un respiro: Popocatépetl, Iztaccíhuatl

y Citlatépetl. En algunos puntos de la calle incluso se ofrece servicio wifi gratuito (av. México y Michoacán; M Chilpancingo ⮂ Sonora).

## Parque México    JARDÍN

2  plano p. 58, C3

Fue construido en 1926 y desde un inicio se planeó como el pulmón verde de la colonia. Destaca el teatro al aire libre Lindbergh, construido en estilo *art decó*. Vale la pena tomarse unos minutos para observar los edificios que rodean el parque, muchos de ellos construidos en la década de 1930, que conviven con propuestas arquitectónicas actuales. Los domingos, los perros se convierten en los reyes del lugar (Av. México y Michoacán; Ⓜ Chilpancingo 🚈 Sonora).

## Parque España
JARDÍN

3 ◉ plano p. 58, C2

Más tranquilo y pequeño que el parque México, era la explanada de acceso al antiguo hipódromo. Fue inaugurado en 1921 con motivo del primer Centenario de la Independencia. Cuenta con una zona de juegos infantiles y una pequeña biblioteca. En un extremo hay un monumento a Lázaro Cárdenas, regalo del exilio español de la Guerra Civil a la Ciudad de México por su acogida. El ala norte del parque España marca el límite

Capilla Alfonsina.

entre las colonias Condesa y Roma (av. Sonora s/n; Ⓜ Chapultepec).

## Centro Cultural Bella Época
LIBRERÍA-GALERÍA

4 ◉ plano p. 58, A4

Precioso edificio modernista construido en lo que fue el cine Bella Época, un buen lugar para tomar un café y perderse entre los pasillos de la librería Rosario Castellanos, sita en su interior. Dentro hay también una galería para exposiciones temporales y dos salas de cine. Propiedad del Fondo de Cultura Económica, el lugar se ha convertido en un pequeño oasis para los amantes de los libros. No es raro encontrar a escritores buscando alguna novedad literaria o tomando un café. La sección de literatura infantil es de las más completas y los fines de semana hay cuentacuentos para niños (Tamaulipas 202; ⊙ 9 am-11 pm lu-do Ⓜ Patriotismo 🚈 Patriotismo).

## Capilla Alfonsina
CASA-MUSEO

5 ◉ plano p. 58, A4

La casa donde vivió el escritor y diplomático Alfonso Reyes es ahora un centro de estudios literarios que admite visitas para conocer su impresionante colección de libros y las cartas que intercambió a lo largo de su vida con personalidades como Jorge Luis Borges y Juan Ramón Jiménez, así como dibujos y acuarelas que le regalaron Max Aub, Angelina Beloff y Diego Rivera, entre otros. Vale la pena detenerse a observar la colección de soldaditos de plomo (☎555515 2225; www.capillaalfonsina.bellasartes.gob.mx; Benjamin Hill 122; ⏱9 am-3.30 pm lu, ju y vi Ⓜ Patriotismo 🚇 Patriotismo).

### Mercado de Michoacán   MERCADO

6 ⊙ plano p. 58, B3

A pesar del acoso inmobiliario, el mercado de la calle Michoacán resiste el paso del tiempo ofreciendo frutas, jugos y verduras frescas. No hay gran cosa en su interior, pero justo en la esquina hay un lugar limpio y sencillo donde se venden las hamburguesas más grandes de la comarca, hechas en el momento (Tamaulipas esq. Vicente

---

### Comprender
#### ¿Quién era la condesa?

María Magdalena Catalina Dávalos de Bracamontes y Orozco (1701-1777), la tercera condesa de Miravalle, aristócrata y poeta aficionada, es la mujer a la que esta colonia debe su nombre. A principios del s. xx se construyó un hipódromo, conocido como el hipódromo de la Condesa, que funcionó hasta 1920. Sobre la que era la arena donde corrían los caballos se levantó la avenida Ámsterdam, concebida como zona residencial para las clases medias y altas, que contó con los primeros cafés de la ciudad, bancos públicos, iluminación y calles arboladas. Se dice que la condesa murió envenenada por un fraile que era su amante.

---

Suárez; ⏱8 am-7 pm lu-do; Ⓜ Patriotismo, 🚇 Patriotismo).

## Dónde comer

### Merotoro   RESTAURANTE $$$

7  plano p. 58, C3

Creado por un chef de Ensenada y los dueños del Contramar, uno de los restaurantes de marisco más famosos de la ciudad, este establecimiento combina mar y tierra, y los ñoquis de cordero conviven con el pulpo a las brasas. Su menú está en continuo cambio porque todos los productos son frescos, de temporada. El *risotto* de tuétano es una delicia ineludible (www.merotoro.mx; av. Ámsterdam 55; $300-400; ⏱9am-10pm lu-sa, 9am-9pm do; 🚇 Sonora).

### Argentinísima   ARGENTINA CASERA $$

8  plano p. 58, A4

Para los que buscan una buena comida casera, este es el lugar ideal: un restaurante familiar, con aires de fonda de barrio, que se ha convertido en el favorito de los lugareños, donde todos los platillos se elaboran a la vista de los clientes. No hay que perderse la especialidad de la casa, el pollo deshuesado relleno, y de postre, la crema pastelera es de lo mejor. Al ser un lugar pequeño puede que se tenga que esperar para conseguir mesa, en especial los fines de semana, aunque también se puede pedir comida para llevar. Solo acepta efectivo (Tamaulipas

203; $150 por persona; ⊘1 pm-6 pm mi-lu; Ⓜ Patriotismo, 🚇 Patriotismo).

## Rojo Bistrot

FRANCESA $$$

9  plano p. 58, C2

Inspirado en los *bistrots* parisinos, este restaurante se ha convertido en uno de los favoritos de la Condesa gracias a su amplia carta de vinos y sus deliciosas recetas de pato o el siempre exquisito atún sellado. Los fines de semana se recomienda reservar. Tiene una agradable terraza en la que está permitido fumar (📞 55 5211-3705; www.rojobistrot.com; av. Ámsterdam 71; $300; ⊘2 pm-12 am lu-ju, 2 pm-1 am vi-sa, 2 pm-6 pm do; 🚇 Sonora).

## Specia

POLACA $$$

10  plano p. 58, D3

Se trata de un clásico de La Condesa que transporta al comensal a la elegancia antigua y refinada de la Europa del Este. Con camareros de primera y manteles de lino, consigue renovar la cocina polaca con sencillez y sin pretensiones. Nada mejor que empezar con un *blini* de *tartar* de salmón como aperitivo y continuar con tacos de pato. Para estar a tono, hay que pedir un vodka Zubrowka, aromatizado con hierbas, cuya botella se mantiene en su punto gracias a 5 cm de hielo (📞 55 5564-1367; av. Ámsterdam 241; $250; ⊘1 pm-11 pm lu-ju, 1 pm-12 pm vi-sa; 🚇 Sonora).

## Tacos La Glorieta

MEXICANA $

11  plano p. 58, C4

Un lugar excelente para probar los tacos, el platillo mexicano más famoso. No se trata de un restaurante clásico, sino de un garaje adaptado como taquería. Si se busca algo no muy grasoso, los de bistec son una buena opción; los de papa con chorizo son tradicionales, igual que los de chicharrón. Es uno de los pocos lugares donde se encuentran tacos vegetarianos, el de champiñones es excelente. Cuidado con las salsas, que las hay muy picantes (📞 55-5286-7980; av. Ámsterdam 173; taco sencillo $15; ⊘9 am-7 pm lu-vi, 9 am-3 pm sa; 🚇 Campeche).

## Taquería El Greco

MEXICANA $

12  plano p. 58, C3

En este diminuto local se preparan, desde hace 30 años, los tacos al pastor más deliciosos de la colonia, ya sean en tortilla de maíz o en pan árabe. A pesar de su reducido tamaño, que obliga al hacinamiento y a hacer cola, la espera vale la pena, también por el inolvidable flan napolitano. Tiene otra sucursal en Nuevo León 163, siempre en la Condesa (📞 55 5553-5742; Michoacán 54; taco al pastor $20; ⊘2 pm-10.30 pm lu-sa 🚇 Campeche).

## Nevería Roxy

HELADOS $

13  plano p. 58, A2

Antes de que la Condesa se convirtiera en lo que es ahora, ya existían

Rojo Bistrot.

los helados Roxy. La vieja fuente de sodas de los años cuarenta es lugar de peregrinación los fines de semana. Su lista de sabores de nieves y helados va de los tradicionales vainilla, fresa y chocolate hasta la nieve de chicozapote, mamey y tamarindo, todos elaborados con fruta. El helado de cereza es una delicia (☎55 5286-1258; www.neveriaroxy.com.mx; Fernando Montes de Oca 809, esquina Mazatlán; $25; ⊙11 am-8 pm lu-do; Ⓜ Juanacatlán y Chapultepec).

### Pápalo y Papalotl    VEGETARIANA $$

14 🍽 plano p. 58, A1

Una opción para vegetarianos es este restaurante recién abierto que

consigue recetas impensables, como sus chiles en nogada veganos, el pozole vegetariano o los tacos dorados de Jamaica. Sirve comida vegana y sustentable (hasta la sal es marina y el aceite, de aguacate) a buen precio, todo elaborado por su chef italiana. El fin de semana es recomendable reservar. También se imparten clases de cocina (☎52 562205; Juan de la Barrera 74, local B esq. Mazatlán; ⊙8 am-6 pm ma-do; Ⓜ Chapultepec).

### Vecchio Forno    ITALIANA $$

15 🍽 plano p. 58, B1

Con decoración italiana *ad hoc* (es decir, manteles de cuadros blancos y rojos), esta fonda ofrece todo lo que se puede esperar: *antipasti* preparados con productos frescos y *pizzas* más que correctas. También ofrece otros platos interesantes (sopa de cebolla, *carpaccio,* ñoquis y raviolis) y destaca un clásico y perfecto tiramisú (📞52 555553-4940; Veracruz 38; ⏱2.00 am-11.30 pm lu-sa; Ⓜ Chapultepec).

## Consejo

### Mejor en bicicleta

La Condesa es la colonia más agradable de recorrer y la más amable para el ciclista. En algunos tramos (calle Tamaulipas, por ejemplo) hay un carril bici señalado, pero en otros solo hay que estar atento. El sistema Ecobici permite tomar o dejar la bicicleta en cualquiera de las 275 cicloestaciones repartidas por toda la ciudad, muchas de ellas en la Condesa. Hay planes para turistas de 1, 3 o 7 días por $90, 180 o 300 respectivamente. Puede obtenerse el carné Ecobici (también sirve para utilizar el Metrobús) en la calle Nuevo León 78. Vale la pena esperar los 45 min aproximadamente que requiere el trámite. Es necesario presentar credencial y tarjeta de crédito (📞50052424; www.ecobici.def.gob.mx; ⏱9 am-6 pm lu-vi; 10 am-2.00 pm sa).

# Dónde beber

### Alipús                        MEZCALERÍA

16 🍷 plano p. 58, B4

Los tradicionales mezcales de Oaxaca y Guerrero se incluyen en el menú de Alipús, una mezcalería-restaurante que ofrece deliciosas botanas, como el guacamole con chapulines, además de una buena variedad de enchiladas y tlayudas. Se recomienda probar el coctel de barro, una bebida con base de mezcal acompañado de jugo de fruta y rodajas de naranja con chile (Aguascalientes 232; ⏱1 pm-12 am lu-sa; Ⓜ Chilpancingo).

### Terraza del Condesa DF        TERRAZA-HOTEL

17 🍷 plano p. 58, C2

Fiel al estilo vanguardista del Grupo Habita, el Hotel Condesa DF tiene una moderna terraza en lo más alto de un edificio afrancesado de 1928. Es un buen lugar para tomar un trago bien servido, disfrutar de comida japonesa o alternar con los más modernos del lugar. El interior está impecablemente decorado con aire *retro*. Tiene una pequeña tienda con artesanía moderna y un restaurante de cocina internacional (av. Veracruz 102; ⏱2.00 pm-11.00 pm do-mi y 2.00 pm-1.00 am ju-sa; Ⓜ Chapultepec).

## Black Horse PUB

**18** 🚇 plano p. 58, B4

Es el *pub* inglés de la colonia por excelencia. Lleva años animando el barrio con conciertos en vivo, noches de DJ o, cuando menos, buena música británica. A pesar de ser uno de los antros con más prestigio de la zona, no ha perdido un ápice de su energía y sigue al pie del cañón con innumerables promociones y eventos, desde *pizza* gratis y tragos 2 x 1 hasta los famosos miércoles de *ladies night* (barra libre para las mujeres de 6 pm a 9 pm por $50) (www.caballonegro.com; Mexicali 85; ⏱6 pm-2 am ma-sa; Ⓜ Chilpancingo).

# Ocio

## Kurimanzutto GALERÍA

**19** ⭐ plano p. 58, A3

Se trata de una de las galerías de arte más importantes de la ciudad. En su espacio se ha expuesto la obra de algunos de los artistas mexicanos más destacados de los últimos años, como Gabriel Orozco, Abraham Cruzvillegas, Mariana Castillo Deball, Damián Ortega, Dr. Lakra, Daniel Guzmán y Gabriel Kuri, entre otros. Aunque técnicamente se encuentra en la colonia San Miguel Chapultepec, basta con cruzar la avenida Revolución para llegar desde la Condesa (www.kurimanzutto.com; Gobernador Rafael Rebollar 44; ⏱11 am-6 pm ma-ju, 11 am-4 pm vi-sa; Ⓜ Juanacatlán).

Alipús Mezcalería.

## Pata Negra PUB

**20** ⭐ plano p. 58, C2

Es de los pocos lugares que siempre están abiertos y no decepcionan. Además cuenta con la ventaja de ofrecer varias posibilidades. Para la hora de la comida hay un menú que cambia cada día y para la noche, tapas para acompañar un buen vino. Si se busca fiesta, en la parte de arriba está el Salón Pata Negra, donde, de martes a sábado, se presentan DJ y bandas en vivo (www.patanegra.com.mx; av. Tamaulipas 30; entrada gratuita; ⏱1.30 pm-1 am lu-do; 🚍 Sonora).

### Plaza Condesa

MULTIFORO

**21**  plano p. 58, C3

Es el escenario para ver a las grandes figuras de la música sin tumultos. En este sitio se han presentado desde Nick Cave y Goran Bregovic hasta grupos de diferentes tendencias que buscan forjarse un nombre. No está de más revisar la cartelera para saber qué ofrece (www.elplaza.mx; Juan Escutia 4; 🚇 Sonora).

### Felina

MULTIFORO

**22**  plano p. 58, B5

Convenientemente ubicado en las márgenes de la bulliciosa Condesa, este pequeño bar-coctelería ha construido una clientela fiel gracias a su excelente carta de licores y cócteles, una selección musical muy personal (tropical, *r&b, latin soul, rockabilly...*) y una atmósfera cálida y evocadora de los años cincuenta. Es ideal para ver a las grandes figuras de la música sin tumultos (Ometusco 87 esq. Baja California; 🕐 6.00 pm-2.00 am ma-sa; 🚇 Escandón).

## De compras

### Remedios Mágicos

RECUERDOS

**23**  plano p. 58, D2

Los recuerdos y regalos más originales y *kitsch* se encuentran en esta tienda, que ofrece pastillas, dulces, chicles y caramelos en los estuches más divertidos y originales. Es ideal para regalos chistosos a precios económicos. (www.remediosmagicos.com; av. Ámsterdam 300; 🕐 11 am-8 pm lu-vi, 11 am-7 pm sa, 12 pm-6 pm do; 🚇 Sonora).

### Carmen Rion

ROPA

**24**  plano p. 58, D3

Los tradicionales rebozos y la ropa de manta renacen con una nueva imagen gracias a los diseños de Carmen Rion, que ya son conocidos en varias partes del mundo (www.carmenrion.com; av. México 165-A; 🕐 10 am-7 pm; 🚇 Sonora).

### Sophie Massun

ROPA

**25** plano p. 58, B4

De origen húngaro, esta diseñadora mexicana se inspira en los años cua-

---

**Vida local**

### Un paseo por Ámsterdam

La pista del viejo hipódromo de la Condesa, ahora convertido en una de las principales calles de la colonia, no ha perdido su vocación. Es común encontrar a cualquier hora personas haciendo *footing* o paseando a sus perros. Los árboles, en su mayoría plantados durante la primera mitad del s. xx, los pequeños jardines, las fuentes y las viejas bancas convierten el paseo en un oasis de tranquilidad a unas cuadras de Insurgentes, la avenida más larga y transitada de la ciudad. Seguir el circuito Ámsterdam es una buena opción para descubrir restaurantes, cafés, tiendas y algunos de los edificios más emblemáticos de la zona.

renta y cincuenta para sus colecciones de ropa de mujer. Propone creaciones muy acordes con el *art déco* y el espíritu bohemio de la propia colonia Condesa, donde ella vive y tiene su *showroom* (sophiemassun.blogspot.mx; Benjamín Hill 218; ◷10 am-7 pm; ▣Sonora).

## Torre de Lulio
LIBROS

26  plano p. 58, C3

El paraíso de los libros de viejo. Con un poco de paciencia se pueden encontrar primeras ediciones de obras de Carlos Fuentes, libros clásicos publicados en la primera mitad del s. xx o alguna curiosidad: solo hay que preguntar (av. Ozumala; ◷11 am-10 pm lu-do; Ⓜ Chilpancingo ▣Campeche).

---

### Comprender
### Amores perros

Los perros son los nuevos protagonistas de la Condesa, un barrio que se ha convertido en *pet friendly*. Los fines de semana los jardines se convierten en su territorio y cada vez hay más tiendas dedicadas a consentir a las mascotas. Muchos comercios ponen en la entrada platos con agua para que los amigos de cuatro patas se refresquen durante sus paseos. También es común encontrarlos en las mesas de las terrazas de los restaurantes.

Explorar

# Paseo de la Reforma, Zona Rosa-Juárez y Chapultepec

El paseo de la Reforma es una gran avenida que atraviesa las tres colonias más vibrantes de la capital: Chapultepec, Zona Rosa y Juárez. Los paseos domingueros de los capitalinos siempre desembocan en alguna de sus glorietas, entre palacios-fortalezas, casonas de estilo ecléctico, museos por doquier, bulevares de imitación francesa y "rascacielos" *art déco*.

# Lo mejor en un día

Un desayuno exquisito en el café del **Museo Tamayo** (p. 80) dejará listo para caminar por los alrededores del Bosque de Chapultepec, uno de los pulmones de la ciudad y centro de reunión de las familias mexicanas. Hay que pasear por los senderos que llevan a la **casa del Lago** (p. 73), al **castillo de Chapultepec**, la **fuente de Nezahualcóyotl** (p. 73) o el **Museo Nacional de Historia** (p. 73). Si se prefiere pedalear, se puede rentar una ecobici y llegar hasta la **plaza de El Ángel** (p. 76), donde el pionero del vegetarianismo chilango, el restaurante **YUG** (p. 79), ofrecerá sus tesoros ecológicos.

Cruzando Insurgentes se puede pasear por la colonia Juárez, un barrio de antiguas casonas porfirianas que han quedado convertidas en extraños lugares, como el **Museo de Cera** (p. 77) y el **Museo del Chocolate** (p. 83); teatros; bares únicos, como el **Bar Milán** (p. 81), donde los bohemios locales pasan a desfogar sus neuras laborales; y cantinas tradicionales como **Belmont** (p. 82).

Al atardecer, una buena opción es disfrutar de los espectáculos en el **Auditorio Nacional/Lunario** (p. 82). Después se puede rematar la noche cenando en el **Au Pied de Cochon** (p. 79), abierto 24 h, donde, según los sibaritas, lo mejor se ofrece al amanecer.

##  Principales puntos de interés

Museo Nacional de Antropología (p. 70)

## Vida local

Un paseo digno de reyes y poetas (p. 72)

## ♥ Lo mejor

**Cultura actual**

Zona Rosa (p. 76)

La Juárez (p. 77)

**Restaurantes y bares**

Museo Tamayo (p. 80)

YUG (p. 79)

Bellinghausen (p. 78)

Bar Milán (p. 81)

## Cómo llegar

Ⓜ **Metro** Auditorio (línea 7), Chapultepec (línea 1)

🚌 **Metrobús** Insurgentes, Reforma, Hamburgo (línea 1)

Principales puntos de interés
# Museo Nacional de Antropología

En este recinto se guarda gran parte del legado prehispánico y amerindio de México. Es monumental desde el exterior hasta sus 22 salas, dispuestas alrededor de un estanque que recuerda el origen lacustre de la ciudad y un caracol de bronce al que el viento arranca sonidos. Entre los objetos expuestos más famosos se cuentan la Piedra del Sol, las serpientes emplumadas del palacio de Quetzalcóatl de Teotihuacán y tronos mexicas, oaxaqueños y purépechas.

◉ plano p. 74, C4

www.mna.inah.gob.mx

Paseo de la Reforma s/n esq. Gandhi

Entrada $59

⊘ 9 am-7 pm ma-do todo el año

Ⓜ Chapultepec, Auditorio

## Imprescindible

### Sala Teotihuacana

Cuenta entre sus acervos con restos de murales de los palacios de la "ciudad donde nacieron los dioses", almenas de sus edificios, vasijas y figuras que los mexicas rescataron y reutilizaron en Tenochtitlán 600 años después.

### Sala Mexica

Se muestran vasijas de obsidiana, braceros y monolitos, así como piedras fundamentales, como la del Sol o la de Tizoc, la desasosegante estatua de Coatlicue, alfarería, estandartes, columnas mexicas reutilizadas por los españoles en época virreinal, canoas y joyas encontradas en el Templo Mayor de Tenochtitlán y en diversos puntos de la ciudad.

### Sala Maya

Reúne las joyas del sureste mexicano, como estelas de las ciudades más importantes, diversos *chac mool* (mensajeros divinos), vasijas, figurillas de Jaina (que reproducen la vida cotidiana de los mayas), máscaras mortuorias de jade (como la del famoso rey de Palenque, Pakal) y hasta fachadas completas de templos.

### Otras salas

Además de ofrecer un amplio panorama de la arqueología de diversas zonas de México (el altiplano, el sureste, el norte), las salas etnográficas abundan sobre la riqueza cultural de esas regiones a través de una muestra de vestidos, rituales, vida cotidiana y arte popular.

## ☑ Consejos

▶ No hay que dejar de visitar la tienda, donde el diseño mexicano contemporáneo renueva el arte prehispánico.

▶ Las visitas guiadas son gratuitas de martes a sábado de 10.30 am a 5 pm. Incluyen dos salas permanentes (a elegir) o la exposición temporal de turno.

## ✕ Una pausa

El **Centro Asturiano de México** (🕑8 am-6 pm lu-vi, 9 am-6 pm sa, 1 pm-6 pm do), a pocas cuadras del museo, es un buen lugar para tomar algo en un ambiente bien distinto. Este cuartel de la colonia asturiana en México y de los vecinos del barrio ofrece un menú a buen precio.

## Vida local
# Un paseo digno de reyes y poetas

Desde el Alcázar del castillo de Chapultepec, la ciudad adquiere otra dimensión. Una gran remodelación a principios de este siglo ha revivido el único palacio real de América, construido en el s. XVIII y residencia del emperador Maximiliano y su esposa Carlota. Por los casi 4 km de su avenida principal, construida para calmar los celos de la reina, han paseado nobles, poetas y artistas.

**❶ Puerta de los Leones**

Es una de las entradas principales a la primera sección, justo a la salida del metro Chapultepec. Custodiada por dos leones de bronce, una avenida se dirige hacia el **Monumento a los Niños Héroes,** cuyas seis columnas honran a los cadetes que defendieron el castillo durante la invasión estadounidense en 1847. Hoy, los jóvenes siguen llegando hasta allí, aunque para propósitos menos patriotas,

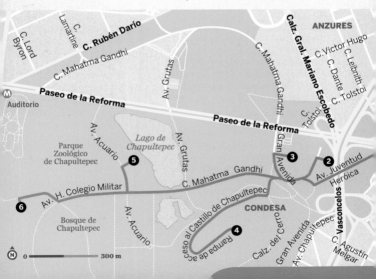

como besarse, tener su primera cita o hacer la tarea escolar.

## ❷ Rejas de Chapultepec

Son tan famosas que el cronista urbano Chava Flores les dedicó una canción. Ahora, esta hermosa herrería de tiempos de Porfirio Díaz, que bordea el bosque hasta Tacubaya, ha vuelto a ser el atractivo de la zona, con exposiciones de fotografía que se renuevan cada mes. Lucha libre, foto aérea, ciclistas urbanos, postales históricas, luchas sociales, personajes y barrios emblemáticos... un verdadero viaje visual al pasado, presente y futuro de la ciudad.

## ❸ Museo de Arte Moderno

Siguiendo a la derecha se encontrará el camino hacia el **MAM** y su **Jardín Escultórico,** donde siempre hay espacio para descansar y recrear el alma con piezas emblemáticas de la Generación de la Ruptura, aquellos que desafiaron "la cortina del nopal" impuesta por el muralismo. Pese a todo, la colección del museo incluye obras de la "santa trinidad": Diego Rivera-José Clemente Orozco-David Alfaro Siqueiros. Además hay cuadros del Dr. Atl, Frida Kahlo, Leonora Carrington, Remedios Varo o Manuel Felguérez. Y siempre hay exposiciones interesantes sobre alguna de las vanguardias de mediados del s. xx.

## ❹ Museo Nacional de Historia

El **castillo de Chapultepec,** único Palacio real en el continente americano, aloja este interesante museo (www.mnh.inah.gob.mx) con una extensa colección de pintura, artes decorativas y textiles y numismática. Ofrece interesantes exposiciones temporales y numerosas actividades.

## ❺ Casa del Lago

Si se va hacia la izquierda, se llega a la **Casa del Lago Juan José Arreola,** nombrada en honor del poeta, genio que organizó en ella los primeros y revolucionarios ciclos de "Poesía en voz alta" en los años sesenta. En esta casa de estilo neoclásico, cuya vista da al Lago Menor, se organizan todavía esos foros, donde la lírica se mezcla con la *performance,* el *hip-hop,* el *scratching,* la versada, el *spoken word,* la improvisación y los experimentos guturales. Ya en el Lago Menor se rentan lanchas de pedales y puede verse a los locales intentando seducir a la novia de turno. Y en la isleta se representa *El lago de los cisnes,* toda una tradición de la danza clásica mexicana desde hace 25 años.

## ❻ Fuente de Nezahualcóyotl

Uno de los rincones mejor guardados del bosque es esta fuente, obra del arquitecto Luis Ortiz Monasterio, que imita un altar náhuatl y honra en su centro al gran *tlatoani* de Texcoco. A este rey poeta se le permitió vivir en el sagrado bosque y él lo embelleció plantando hermosos ahuehuetes, los grandes árboles-abuelos mexicanos, de los que aún sobreviven algunos a su alrededor.

C. Darwin
C. Leibni
C. Dante
C. Tolstoi
Av. Juven
Av. Heroi
CONDE

**ANZURES**

E

**Calz. Gral. Mariano Escobedo**

C. Rincón del Bosque

C. Mahatma Gandhi

Av. Chapultepec
Gran Avenida

**Paseo de la Reforma**

Gran Avenida

Calz. del Cerro

D

11 ✕

**Museo Nacional de Antropología** ◎

C. Taine

**C. Rubén Darío**

C. Schiller

Av. Grutas
Av. Grutas

Lago de Chapultepec

Rampa de acceso al Castillo de Chapultepec

C. Campos Elíseos

C

C. Tres Picos

C. Lamartine

**C. Rubén Darío**

C. Mahatma Gandhi

Av. Acuario

Av. H. Colegio Militar

300 m

C. Christian Andersen

**C. Arquímedes**

B

C. Lord Byron

Bosque de Chapultepec

**Paseo de la Reforma**

C. Temístocles

C. Andrés Bello

Auditorio

Ⓜ

N

0

C. Galileo

10 ✕

Calz. Chivatito

C. Luis G. Urbina

A

C. Tennyson

Elliot

C. Auditorio Nacional

20 ✿

1

2

3

4

# Puntos de interés

### Zona Rosa                                    BARRIO

1 plano p. 75, B3

"Demasiado tímida para ser roja, demasiado atrevida para ser blanca". Periodistas como Vicente Leñero y artistas como José Luis Cuevas se disputan el bautizo rosáceo de este barrio, antes adinerado enclave. Tanto si fue un homenaje a la *vedette* cubana Rosa Carmina o si se trató solo de un chiste entre bohemios, hoy este barrio sigue gozando de la devoción de los exploradores de la noche. Todavía quedan signos del pasado sesentero, cuando las librerías, los cafés con terrazas y las galerías atrajeron a los primeros melenudos, aunque también se ha convertido en un centro de reunión de la comunidad gay. Hay que unirse a la fiesta, que en cualquier momento puede transformarse en carnaval.

### Monumento a la Independencia                                MONUMENTO

2 plano p. 75, A3

"El Ángel" es uno de los monumentos más emblemático de la ciudad. Esta columna de más de 90 m, coronada por una Victoria Alada, fue inaugurada en 1910 por el presidente Porfirio Díaz para celebrar el centenario de la Independencia.

Calle Génova.

## Consejo

### La Juárez

Fue la zona más aristocrática de la ciudad e incluso el centro de grandes batallas, como la Decena Trágica, pero hoy se ha transformado en el centro de la vida nocturna y cultural. Sus amplias casonas y palacetes han ido desapareciendo ante la presión inmobiliaria, pero aún se pueden descubrir sus secretos con un paseo por las calles Berlín, Hamburgo o Niza, que aparecen en la novela *La región más transparente* de Carlos Fuentes. Ajena al bullicio de la Zona Rosa, la colonia Juárez aún conserva testigos de su esplendor, como el **Reloj Chino** (Bucareli esq. Atenas), inaugurado en 1910 y regalo del último emperador chino a la comunidad en México; o **La Ciudadela** (Balderas 1), el mercado de artesanías más popular de la ciudad. La recién remodelada **Biblioteca México** (plaza de la Ciudadela 4) y el **Centro de la Imagen** (www.centro-delaimagen.conaculta.gob.mx; plaza de la Ciudadela 2) dan nueva vida cultural a la zona. En sus parques y jardines la comunidad de adultos mayores disfruta practicando bailes de salón los fines de semana. Y en sus parques se observa cómo pasa el amor y la vida.

En su interior reposan los restos de varios héroes mexicanos, y en su exterior se fotografían novios y se celebran manifestaciones y victorias deportivas (Paseo de la Reforma, Río Tíber esq. Florencia; Ⓜ Insurgentes o Sevilla).

### Calle Génova
CALLE PEATONAL

3 ◉ plano p. 75, B3

La calle Génova, adoquinada y vuelta peatonal, es una de las principales vías de la zona. En ella hay diversas ofertas gastronómicas, bares y terrazas para ver y ser visto. Se encuentran diversas esculturas que honran a cómicos como Tin Tan, a la Diana Cazadora o a la madre. También hay varias *boutiques* de moda y al final de la calle puede hacerse una visita al templo votivo de

Nuestra Señora del Sagrado Corazón de Jesús, de estilo *art déco* tardío (Génova; Ⓜ Insurgentes ⛀ Hamburgo).

### Museo de Cera
MUSEO

4 ◉ plano p. 75, C5

La casona de principios del s. xx es solo el atractivo exterior; dentro, toda la farándula mexicana permanece inmortalizada en cera. Más de 200 figuras entre luchadores, actores, presidentes, políticos, cantantes y hasta personajes de ficción esperan para asombro del público. Es una curiosa forma de convertirse en *paparazzi* sin molestar a nadie (Londres 6; ◷ 11 am-7 pm lu-do, adultos/niños $80-65; Ⓜ Cuauhtémoc ⛀ Reforma).

## Biblioteca México                    BIBLIOTECA

**5** ◉ plano p. 75, C5

Esta mansión del s. XVIII se ha transformado sucesivamente en armería, cárcel, biblioteca pública y centro cultural a lo largo de su historia. Hoy en día es un edificio que conjuga pasado y presente, y está abierto a todos los amantes de los libros. Las colecciones, entre otros, del cronista Carlos Monsiváis y el poeta Alí Chumacero se guardan en este espacio con esmero. Teatro, cine y danza están entre las actividades diarias que organiza (plaza de la Ciudadela 4; ⏱8 am-7 pm lu-do; Ⓜ Balderas 🚇Ciudadela).

## Centro de la Imagen             FOTOGRAFÍA

**6** ◉ plano p. 75, C5

Con 20 años de existencia, se ha consolidado como un espacio para la difusión, investigación y reflexión sobre la fotografía y los nuevos medios. Seminarios, exposiciones, talleres y acervo documental están siempre disponibles (plaza de la Ciudadela 2; ⏱8 am-7 pm lu-do; Ⓜ Balderas 🚇Ciudadela).

# Dónde comer

## Bellinghausen             INTERNACIONAL $$$

**7** ✖ plano p. 75, -B3

Es conocido por sus comensales, en su mayoría políticos y periodistas, desde 1917, que dirimen aquí los pormenores

---

### Comprender
## Hotel Geneve
---------------------------------------------

El Hotel Geneve (www.hotelgeneve.com.mx; Londres 130; Ⓜ Insurgentes 🚇Hamburgo) es un verdadero hotel-museo, con más de un siglo de historia. Fue abierto en 1909 con tal lujo que pronto se volvió el preferido de la aristocracia mexicana. Entre sus curiosidades se cuenta haber sido de los predilectos de Porfirio Díaz y también el primero en la ciudad en servir un sándwich, en recibir a mujeres que viajaban solas y en ofrecer comida de estilo europeo. El hotel "más legendario de México" entró a los anales de la historia el mismo día que comenzó la Revolución, cuando el presidente recibió allí la noticia. Ni la gresca revolucionaria impidió que ofreciera su hospitalidad a embajadores y militares, al ser declarado zona neutral. A partir de entonces, diplomáticos, presidentes, actores y aventureros como el piloto Lindberg y divas como Sophia Loren lo han visitado. Su Phone Bar, además de ofrecer el *hit-parade* británico de los sesenta, tiene una colección de teléfonos antiguos.

de su trabajo. Deliciosos mariscos y paellas son apenas los aperitivos de una carta diversa, original y deliciosa. En su atractivo patio de exuberantes jardineras se puede terminar degustando unos postres adictivos (☑52 076749, 52 074978, 55 258738; Londres 95 ☺1.00 pm-7.00 pm lu-do; Ⓜ Insurgentes ☐ Hamburgo).

## YUG
VEGETARIANA **$$**

8  plano p. 75, B2

Uno de los pioneros del vegetarianismo en México, desde 1963, y punto de reunión de los amantes del comer sano. Todos los días hay un bufé con diversidad de ensaladas y aguas. Son famosísimos sus taquitos al pastor, sus hamburguesas de soya y sus aguas de frutas. Los domingos también hay bufé y garantizan que el menú es distinto cada día (☑55 255330; Varsovia 3-B; ☺1.00 pm-11.00 pm ma-sa, 1.00 pm-7.00 pm do; Ⓜ Insurgentes, Sevilla ☐ Insurgentes).

## Antojitos Los arcos
YUCATECA **$**

9 plano p. 75, A2

Aquí se encuentra auténtica cocina yucateca para aproximarse a la gastronomía de los actuales mayas, a buen precio y en un ambiente familiar que a veces queda pequeño. Es famoso por sus enormes chamorros servidos en su jugo, sus papadzules de cochinita y sus tacos. Cuidado con el chile habanero, no apto para estómagos delicados. No aceptan tarjetas (☑55 335877; Florencia 43; ☺9.00 am-10.00 pm lu-vi, 9.00 am-11.00 pm sa, 9.00 am-7.00 pm do; Ⓜ Insurgentes ☐ Hamburgo).

## Vida local

### 'Food trucks'

El último grito en tendencias gastronómicas son los *food trucks,* camiones-restaurantes que atienden estacionados. La novedad no es ofrecer comida en la calle sino que detrás de este movimiento están los mejores y más jóvenes chefs de la capital. Las tortas y las gorditas ya no son las mismas si las sirve el **Grupo Primario** (primariomx.com), las hamburguesas no son iguales si son de **El Buen Burgués** (@ElBuenBurguesFT) y el taco sabe distinto si es de **El taco Malayo** (@eltacomalayo). Hay que estar atentos a Facebook y Twitter para saber dónde aparecerán. Periódicamente se celebra el Food Truck Bazar (@FoodTruckBazar), que no cuenta con permiso de las autoridades, pero que durante un día reúne a los mejores *food truck* en un mismo lugar para probar de todo y de una vez. Hay que darse prisa porque las autoridades locales quieren prohibirlos.

## Au Pied de Cochon
FRANCESA **$$$$**

10 plano p. 74, C1

Cobijado en el Hotel Intercontinental, este restaurante es uno de los preferidos de la élite local y extranjera. Ostiones franceses, *foie gras,* lechones, salmones, quesos y vinos, además de los famosos chamorros de cerdo con col verde a la mantequilla, son las delicias que atraen como abejas a la miel a los sibaritas que extrañan los *tours* gastronómicos de antaño por París (www.aupieddecochon.rest; 📞 53277756; Hotel Presidente Intercontinental, Campos Elíseos 218; 🕑 24 h; Ⓜ Auditorio).

## Restaurante Museo Tamayo   INTERNACIONAL, MEXICANA $$$

11  plano p. 74, C4

Un lugar privilegiado en el corazón del bosque de Chapultepec, de arquitectura moderna y mobiliario acogedor, pensado para compartir o disfrutar solo. La oferta gastronómica mezcla lo internacional con lo mexicano y el espíritu juguetón de Rufino Tamayo se nota en la carta, donde desde un tentempié hasta un mole combinan perfectamente (📞 52 866519, 52 866529; paseo de la Reforma 51; 🕑 8.00 am-6.00 pm ma-do; desayunos 9.00 am-12.00 pm; Ⓜ Auditorio).

## Lonches Bravo   MEXICANA $$

12  plano p. 75, C2

A un costado de la embajada americana está este pequeño lugar abierto por un colectivo de chefs que ha revolucionado los tradicionales antojitos de banqueta. Torta de pan casero y rabo de res estofado, camotes y alioli de café, *short rib* con relleno negro o gordita de centollo pibil... Una cocina noble y sencilla de platillos mexicanos que ha revolucionado esta zona de oficinas. El local tiene el encanto de lo elegante y sencillo (📞 52 076276;

Río Sena 87; 🕑 8.00 am-7.00 pm lu-do; Ⓜ Insurgentes).

## Luaú   CANTONESA $$$

13  plano p. 75, B3

El mejor restaurante de comida china de la capital y uno de los lugares emblemáticos de la Zona Rosa es un verdadero refugio para su tumulto diario. Una fuente con carpas *koi* en el centro del comedor y sus tres pisos en rojo y oro tranquilizan el ánimo del hambriento. Del paladar se encargan en la cocina, donde el pato laqueado y los camarones en salsa de langosta son la especialidad. Mejor pedir los paquetes: son abundantes. Los postres de té verde y una jarra de té de jazmín son el perfecto broche de oro. A pesar de su amplio espacio, se suele llenar (www.luau.com.mx; 📞 55257474; Niza 38, local B; 🕑 12.00 am-11.00 pm lu-sa; 12.00 am-10.00 pm do; Ⓜ Insurgentes).

## Rafaello   ITALIANA $$$

14  plano p. 75, A2

El chef solía salir en la televisión compartiendo sus recetas y sus grandes ojos verdes quedaron grabados en la cultura mexicana de tan buen grado que hoy es propietario de una cadena de restaurantes que llega hasta las costas guerrerenses. *Pizzas* y pastas como manda la *mamma* son su especialidad (http://raffaello.com.mx; 📞 55 256585, 55 077016; Londres 165; 🕑 1.00 pm-12.00 pm lu-sa; 1.00 pm-11.00 pm do; Ⓜ Insurgentes).

## Quebracho Parrilla Argentina

ARGENTINA **$$**

**15**  plano p. 75, C1

A una cuadra de Reforma, es un restaurante argentino con gran arraigo en CDMX. Se llama Quebracho por el árbol con cuya madera se asa la carne, que deja un sabor único. Los cortes son excelentes, al igual que las empanadas y vinos (✆52 083999; Río Lerma 175, local A; ☾12.30 am-11.00 pm lu-mi y do, 12.30 am-12.30 pm ju-vi; Ⓜ Insurgentes ⊟ Reforma).

## Bistrot Arlequín

COMIDA CASERA FRANCESA **$$**

**16**  plano p. 75, C1

Las recetas francesas más clásicas se disfrutan en un ambiente bohemio oculto al bullicio. A un lado, en el local hermano, Orgón, nacido en el 2011, se abre espacio para los nuevos paladares y los habituales que buscan experimentar otros platillos galos: por ejemplo, estofado de carnero cocido con champiñones y curri, tártar de salmón, los inevitables caracoles y ensalada de roquefort. La cava es variada y destacable y ofrece también cerveza artesanal; se recomienda reservar (www.bistrotarlequin.com.mx; ✆52 07 5616; Río Nilo 42 esq. Pánuco; ☾1.30 pm-11.00 pm lu-sa; Ⓜ Chapultepec).

Lonches Bravo.

# Dónde beber

## Bar Milán

TEATRO Y MÚSICA

**17**  plano p. 75, C5

Es casi un milagro que exista... Desde 1992, y a iniciativa de algunos actores como Daniel Giménez Cacho, se transformó una galería de arte mexicano en un moderno bar donde la barra de ónix se encuentra frente a un nopal de metal perlado que se ha convertido en su emblema. Aquí todo se paga con "milagros", así que hay que acudir a la barra a cambiar los pesos para disfrutar de la oferta etílica, que es de lo mejor. La publicidad de boca en boca ha logrado financiar también una editorial de dramaturgia y ha comenzado a activar el teatro móvil El Milagro. Es un local imprescindible (www.barmilan.com.mx; Milán 18; ⊙9.00 pm-3.00 am ju-sa; Ⓜ Insurgentes).

### Belmont                    CANTINA

18   plano p. 75, C5

Se trata de una de las cantinas preferidas por la clase política y de ella dicen que hasta tiene cavas personales para sus distinguidos comensales; pero para los que no andan con guaruras ni camionetotas también hay lugar. Un ambiente familiar y música viva de sones jarochos, mariachis y marimbas acompañan su oferta. Molcajetes de carne y las mejores salsas, además de chamorros y todas las delicias de la cocina mexicana, se sirven como en feria (Milán 10; ⊙1.00 pm-3.00 am lu-vi; 1.00 pm-6.00 pm, sa; Ⓜ Insurgentes 🚇 Reforma).

### Mono                 BAR ELECTRÓNICO

19   plano p. 75, C5

El nuevo chico del vecindario es una casona neoclásica que se abre a media noche para los amantes de los *beats*. Escaleras de mármol, techos altos, candelabros, espejos y una barra lateral bien surtida reciben a los privilegiados que logran pasar el terrible *face control*. La pista amplia y los DJ más selectos de la escena nacional e internacional compensarán a los perseverantes. *Cover* para ellos (www.mono.am; Versalles 64; ⊙12 pm; Ⓜ Insurgentes 🚇 Reforma, Hamburgo).

# Ocio

## Auditorio Nacional /Lunario              SALA DE CONCIERTOS

20 ⭐  plano p. 74, B1

Este edificio, considerado uno de los centros de espectáculo más importantes del mundo, da cobijo a las mejores salas de conciertos de la ciudad. Y para ello, una nutrida cartelera internacional, en la que siempre se encuentra algo interesante, se da cita en sus amplios espacios. Es recomendable visitar su web para conocer la programación (www.auditorio.com.mx; paseo de la Reforma 50; ⊙conciertos 8-12 pm; Ⓜ Auditorio).

# De compras

## Mercado de artesanías Insurgentes              RECUERDOS

21   plano p. 75, A2

Un mercado que no desmerece en una amplia oferta de plata y ropa tradicional mexicana, justo enfrente de las antigüedades, y que ya lleva 60 años de existencia. El mercado Insurgentes es el lugar ideal para hacerse con un buen recuerdo en cualquiera de los diversos estilos de arte popular del país. Además es el mejor punto de la ciudad para comprar plata mexicana a buen precio. Aquí el regateo es todo un arte (Londres 154, ⊙24 h).

## Loose Blues · DISEÑO MODERNO Y VINILOS

**22** 🔒 plano p. 75, B5

Abierta en el 2013, esta tienda es uno de los sitios que está redefiniendo la vida comercial de la colonia. Este pequeño local vende vinilos, ropa, accesorios y objetos *vintage*. La estética del diseño japonés y la cultura de los DJ complementan su oferta apta para todo *hipster* consagrado (loose-blues. tumblr.com; Dinamarca 44; ⊘12.00 pm-9.00 pm lu-do; Ⓜ Insurgentes 🚇 Reforma, Hamburgo).

## 99 Problems · TENIS

**23** 🔒 plano p. 75, B5

El curioso no tendrá ningún problema buscando los tenis de su agrado. Aquí se encuentran los mejores modelos, desde el más *retro* hasta los modernos y exclusivos de las últimas marcas de moda. Es un paraíso para los amantes del calzado deportivo (Dinamarca 67; ⊘11.30 am-8.30 pm, lu-sa, 11.30 am-7.00 pm do; 🚇 Reforma, Hamburgo).

## MUCHO
## Mundo chocolate · TIENDA, MUSEO

**24** 🔒 plano p. 75, B5

Aquí se encontrará todo sobre el reino del cacao y ese rey de chocolate con nariz de cacahuate que enorgullece a los mexicanos.

MUCHO Mundo Chocolate.

Ubicado en una casona de 1909 que fue restaurada a detalle, se ofrecen talleres y charlas sobre la importancia del *xocolatl* en la dieta nacional. Además, cuenta con una tienda y un café *gourmet,* donde se pueden degustar catas y platillos de chocolate. Es muy recomendable para los que buscan consentir el paladar. También se pueden concertar visitas guiadas (www.mucho.org.mx; Milán 17; ⊘11.00 am-5.00 pm lu-do; 🚇 Reforma).

Explorar

# Coyoacán

Antes de la conquista, Coyoacán era ya un territorio importante; después, se convirtió en un pueblo que poco a poco fue absorbido por la Ciudad de México. Sin embargo, mantiene intactas sus tradiciones y es el barrio que mejor conserva el pasado virreinal. Sus plazas principales, bulliciosas y musicales, alimentan la sensación de que Coyoacán vive en una permanente feria.

# Lo mejor en un día

☀ Hay que empezar el día con un café y una *dona* en **El Jarocho** (p. 95). Es recomendable visitar a primera hora el **Museo Frida Kahlo** (p. 86) para ver la Casa Azul sin gente y aprovechar el circuito en autobús que lleva al **Museo Diego Rivera-Anahuacalli** (p. 91).

☀ Se sigue bajo el influjo de Frida y Diego y se come en el **mercado de Antojitos** (p. 94), uno de sus lugares favoritos. Tras pasear por la calle Higuera hasta la **plaza de la Conchita,** se regresa a la **plaza Hidalgo** y el **Jardín Centenario** (p. 89), donde hay que dejarse llevar por el ambiente de pueblo para probar los clásicos churros rellenos, las nieves o los esquites (granos de maíz hervidos con mayonesa, chile y limón). Luego se recorre la **calle Francisco Sosa** (p. 89) y se desemboca en la **plaza de Santa Catarina** (p. 89) para disfrutar de la tranquilidad de la plaza al atardecer.

☽ Un plan clásico es cenar en **Los Danzantes** (p. 94) y aprovechar su privilegiada terraza para contemplar, con un mezcal en la mano, la fuente de los Coyotes iluminada. Otra opción, más ruidosa, es comer unos tacos de pescado en **La Bipo** (p. 96), que se pueden acompañar de algún coctel tropical.

👁 **Principales puntos de interés**

Museo Frida Kahlo (p. 86)

🔍 **Vida local**

Calles y plazas de Coyoacán (p. 88)

💙 **Lo mejor**

**Bares y cantinas**
La Coyoacana (p. 96)
La Bipo (p. 96)
Corazón de Maguey (p. 96)

**Comidas**
Los Danzantes (p. 94)
El Tajín (p. 95)
La Bella Lula (p. 95)

## Cómo llegar

Ⓜ **Metro** Coyoacán (Línea 3). Desde la salida hay que tomar un microbús en la calle Universidad o un taxi para llegar al centro.

🚌 **Turibus Circuito Sur** Se puede abordar en la fuente de La Cibeles (colonia Roma). Hace un recorrido de 2,30 h por el sur de la ciudad hasta llegar a Coyoacán.

## Principales puntos de interés
# Museo Frida Kahlo

No es extraño que el Museo Frida Kahlo sea su casa, el sitio donde la pintora más célebre de México pasó la mayor parte de su vida. Aquí nació en 1907 y aquí murió a los 47 años. Sus largas temporadas postrada en una cama, a raíz del accidente que le fracturó la columna, convirtieron este espacio en el reflejo de su personalidad, de su activismo político y, sobre todo, del sufrimiento que marcó su vida. Pintado de azul por dentro y por fuera para ahuyentar a los malos espíritus, es uno de los museos más visitados de la ciudad.

👁 plano p. 90

www.museofridakahlo.org.mx

Londres 247

adultos/niños: $80/15 lu-vi, $100/15 sa-do

🕙 10 am-5.45 pm ju-do y ma; 11 am-5.45 pm mi, lu cerrado

Ⓜ Coyoacán

# Imprescindible

### Sus últimas palabras

Días antes de morir, y aquejada de fuertes dolores después de que le amputaran una pierna, Frida Kahlo añadió el título *Viva la vida, Coyoacán 1951, México* a un bodegón con sandías de alegres colores. Su calvario físico y sentimental siempre estuvo acompañado de su amor por la vida.

### La cama

En una pequeña cama con dosel de madera, que apenas cabe en el cuarto, Frida comenzó a pintar tras su accidente. Su madre colocó un espejo en el techo del dosel para que pudiera verse y pintarse a sí misma durante su larga convalecencia. Sobre el lecho hoy descansa una máscara mortuoria de su rostro.

### Su padre

Guillermo Kahlo, fotógrafo de origen húngaro-alemán, tiene un peso especial en el museo: en un árbol genealógico de la familia y en el retrato que le hizo Frida cuando él murió, con una dedicatoria llena de adoración. De su padre aprendió el arte de la fotografía, que tanto influyó en su posterior obsesión por los autorretratos.

### León Trotsky

La Casa Azul también hospedó al revolucionario ruso en 1937. Aquí mantuvo un romance con Frida, escribió parte de la biografía de Lenin y firmó, junto a André Breton y Diego Rivera, el *Manifiesto por la libertad del arte*. Dos años después se trasladó a una casa aledaña que hoy es sede del **Museo León Trotsky** (p. 91).

(p. 91)

## ☑ Consejos

▶ Antes de ir es aconsejable visitar la web para saber cuál es la exposición temporal del momento.

▶ Comprar el boleto que incluye el transporte en autobús hasta el Museo Diego Rivera-Anahua-calli. No es necesario hacer reservación ni fila, basta con preguntar en la entrada.

▶ Llegar con la ruta sur del Turibus. Permite conocer otros barrios y es una delicia ver Coyoacán desde él.

## ✗ Una pausa

La **cafetería del museo** (⊙10 am-5.15 pm ju-do y ma, 11 am-5.45 pm mi) es ideal para un refresco. Aunque el café no es nada especial, es un lujo estar en el jardín de la casa de Frida bajo la sombra de su exótica vegetación. Entre semana es especialmente agradable. Se puede acceder directamente sin pagar entrada.

## Vida local
# Calles y plazas de Coyoacán

Durante años, sus casonas de jardines exuberantes fueron el refugio de fin de semana de la clase acomodada de la ciudad. Después se convirtió en el lugar predilecto de intelectuales y artistas, seducidos por su actividad cultural y su ambiente bohemio. Hoy, Coyoacán es el elegido para un domingo familiar, salir de copas con los amigos o dar un paseo romántico por sus callejones escondidos.

**❶ Ambiente de feria**

Un buen punto de partida es la **plaza Hidalgo.** Este hervidero de organilleros, vendedores de globos, artesanos y concheros se intensifica los fines de semana con baile y música en vivo. En medio se alza un quiosco, coronado por un águila republicana, que conmemora el primer centenario de la independencia.

**❷ Coyotes**

A un costado de la Plaza Hidalgo está el **Jardín Centenario.** Originalmente era el atrio de la iglesia de San Juan Bautista, pero un nuevo trazado de las calles lo separó de la parroquia. En medio está la fuente con los dos coyotes, en alusión al significado de Coyoacán en náhuatl: "lugar de quienes tienen o veneran coyotes". Alrededor están los restaurantes más clásicos y exquisitos del barrio.

**❸ La calle más bonita**

Enmarcada entre jacarandas, la **calle Francisco Sosa** es imprescindible para conocer Coyoacán. El escritor Octavio Paz la consideraba la calle más bonita de México. Galerías de arte, restaurantes, cafés y tiendas de antigüedades desfilan por esta hermosa calle que tiene 65 edificios considerados patrimonio histórico.

**❹ La plaza de las bodas**

Construida sobre un asentamiento prehispánico, la **plaza de Santa Catarina** es un remanso de paz cobijado por árboles. Su iglesia fue fundada por los franciscanos en el s. XVI como una capilla abierta para evangelizar a los indígenas. Hoy es la más solicitada del barrio para celebrar bodas.

**❺ Leyendas negras**

Muy cerca de Santa Catarina se encuentra el **callejón del Aguacate.** Su encantadora apariencia esconde aterradoras leyendas. Se dice que por aquí pululan los fantasmas.

**❻ El gusto por lo ecológico**

En una escondida plaza aparece este pequeño local, la primera pastelería ecológica de CDMX, con terraza. El **Café Ruta de la Seda** es ideal para alejarse del bullicio y probar su especialidad: el *cheesecake* de té verde con frutos rojos (www.caferutadelaseda.com; Aurora 1 esq. Pino; ⏰ 8 am-10 pm lu-do; Ⓜ Viveros).

**❼ La más antigua**

A pesar de estar un poco escondida y de su trazado serpentino, la **calle Higuera** es una arteria fundamental que comunica la plaza Hidalgo con la de la Conchita. Aquí están el clásico mercado de Antojitos, la cantina La Coyoacana y el pequeño Café Avellaneda. Este camino recuerda que este es uno de los barrios más antiguos de la Ciudad de México.

**❽ La Malinche**

En la **plaza de la Conchita** Hernán Cortés mandó construir la famosa Casa Colorada para su amante indígena, doña Marina, la Malinche, y también la primera capilla cristiana de México: la iglesia de la Concepción (de ahí el apodo coloquial de la Conchita). El templo se encuentra cerrado la mayor parte del año, a excepción de los domingos y las fiestas patronales.

**A**    **B**    **C**    **D**

**1**

C. San Felipe
Real Mayorazgo
24 ✪
Av. México Coyoacán
C. Bruno Traven
C. Golondrinas
C. Agustín Gutiérrez

Panteón
Xoco

**Av. Río Churubusco**

Museo León
Trotsky
2 ⬤

**2**

C. Bruselas
C. Madrid
C. Viena
C. Berlín
C.F. Javier Mina
C. Vicente Guerrero
C. Ignacio Aldama
22 ✪
C. Centenario
19 ⬤
C. Berlín
C. Abasolo
C. Viena
C. Morelos
C. Gómez Farías
**Museo Frida Kahlo** ⬤
C. Londre

Vivero
Coyoacán

Los viveros 6 ⬤

0  ———  300 m
N ✪

C. Londres
C. Ignacio Allende
Parque
Deportivo
"La Fragata"
C. París

C. París
C. Melchor Ocampo
C.B. Juárez
C. Ayuntamiento
Av. México
Xicoténcatl
C. Aguayo
Parque
Allende
18 ⬤
C. Centenario
C. Xicoténcatl
C. Abasolo
C. Malintzin
C. Moreno

**3**

C. Pérez Valenzuela
v. Progreso
23 ✪
8 ⬤ A la Fonoteca
2 ⬤ A la Pause
C. Pérez Valenzuela
C.B. Domínguez
9 ⬤
C. Malintzin 26
C. Centenario
Palacio del
Ayuntamiento
C. Cuauhtémoc
C. Montezuma
10
Museo de
Culturas
Populares
Av. Hida
C. Xicoténcatl

**4**

Av. Francisco Sosa
C. Presidente Carranza
C. Aguacate
C. Dulce Oliva
C. Reforma
C. Ayuntamiento
C. Artes
C. Aurora
C. Truenitos
C. Zaragoza
Jardín 20
Centenario
25 ⬤
11
C. F. Ortega
C. Tres Cruces
C. Chochicatitla
17
4 ⬤
3 ⬤
C. Carrillo Puerto
Caballocalco
7 ⬤
13 ⬤
16 ⬤
21
C. Higuera
C. 5 de Febrero
C. Vallarta
5 ⬤
Centro
Cultura
Elena Gar
Parqu
Frida
Kalh

Parroquia
de San Juan
Bautista
C. V. Carranza
C. Chilpa
C. Espíritu Santo
C. Fernández Leal
C. Asia

**5**

C. Luis Martínez
Av. Melchor Ocampo
C. Delta
C. Gamma
C. Beta
C. Alfa
C. Montezuma
C. Epsilon
C. Zompantitla
C. Tenentitla
**Av. Miguel Ángel de Quevedo**
Cón. Ojito
C. Tres Cruces
**COYOACÁN**
15 ⬤
14 ⬤
C. Flores
C.A. Zamora
Al Museo Diego
Rivera Anahuaca
1

# Puntos de interés

## Museo Diego Rivera Anahuacalli

MUSEO

1 ⊙ plano p. 90, D5

Aquí se encuentra la colección de arte precolombino de Diego Rivera, una de las más extensas del país. Solo por la contemplación de la arquitectura del lugar vale la pena el viaje: una majestuosa pirámide de piedra volcánica inspirada en el estilo teotihuacano que el propio muralista diseñó. En este mágico lugar, donado por Rivera al pueblo mexicano, tienen lugar espectáculos de música, teatro y danza. Una experiencia única es visitarlo el Día de Muertos (1 de noviembre), cuando se coloca una ofrenda en honor al artista (🕾 55 5617 4310; www.museoanahuacalli.org.mx; Museo 150, San Pablo Tepetlapa; adultos/niños menores de 6 años $60/gratis; transporte gratuito desde el Museo Frida Kahlo; 🕙 11 am-5 pm mi-do).

## Museo Trotsky

CASA-MUSEO

2 ⊙ plano p. 90, D2

La casa donde vivió y fue asesinado el revolucionario ruso León Trotsky se ha convertido en un museo sobre los años de su exilio en México, donde se encuentran sus artículos personales, libros y documentos de sus últimos años. Actualmente es también un centro cultural donde se ofrecen conferencias, exposiciones, cine y presentaciones de libros. Hay visitas

Parroquia de San Juan Bautista.

guiadas gratuitas (www.museocasade-leontrotskypermanentes.blogspot.mx; Río Churubusco 410; general/estudiantes, maestros y adultos mayores $40/20; permiso para fotografías $15; 🕙 10 am-5 pm ma-do).

## Parroquia de San Juan Bautista

IGLESIA

3 ⊙ plano p. 90, C4

En el corazón de Coyoacán se levanta esta iglesia barroca novohispana, edificada por los franciscanos en el s. xvi. Antiguamente contaba con un convento, un cementerio, un atrio y una huerta. Y a pesar de los cambios sufridos a lo largo del tiempo, sigue

## Comprender
### Barrio de intelectuales

Aunque Frida Kahlo y Diego Rivera sean la pareja más conocida, este barrio ha sido refugio de otros muchos nombres relevantes de las ciencias y las artes, entre los que destacan el investigador Miguel Ángel de Quevedo y el escritor Francisco Sosa (ambos dan nombre a dos de las vías más importantes de la zona). El poeta Octavio Paz, premio Nobel de Literatura en 1990, vivió sus últimos años en la calle Francisco Sosa. Salvador Novo, dramaturgo, poeta e historiador, se mudó al barrio en 1941 y durante años se dedicó a investigar su historia. En 1953 abrió el teatro **La Capilla** (www.teatrolacapilla.com; Madrid 13), que continúa en activo, y en 1971 publicó el libro *Historia y leyenda de Coyoacán.* Otras plumas ilustres que han vivido en estas calles son Jorge Ibargüengoitia y Juan Villoro.

conservando su encanto (Jardín Centenario 8; ⏰10:00 am-1:00 pm, 4.30 pm-7.00 pm lu-ma y vi-sa; 10.00 am-1.00 pm mi; 4.30 pm-7.00 pm ju).

### Palacio del Ayuntamiento

PALACIO

4 👁 plano p. 90, C3

En un lateral de la plaza Hidalgo se encuentra la conocida como casa de Hernán Cortés (aunque el edificio se construyó dos siglos después de que el conquistador español llegara a México). Se cuenta que los españoles torturaron aquí a Cuauhtémoc, el último emperador azteca, quemándole las plantas de los pies, un hecho igualmente apócrifo por la discordancia de fechas (plaza Hidalgo 1; ⏰9.00 am-8.00 pm lu-do).

### Centro Cultural Elena Garro

LIBRERÍA

5 👁 plano p. 90, D4

No solo llama la atención por su bella arquitectura de cristal, sino también por su selección de libros. Tiene una de las mejores colecciones de libros infantiles de la ciudad y es el lugar ideal para encontrar novelas de autores mexicanos en inglés, francés e italiano. Es obligado hacer una pausa en la tranquilísima terraza y descubrir los vestigios de la casa original sobre la que se construyó (www.conaculta.gob.mx/elena-garro; Fernández Leal 43; ⏰9.00 am -10.00 pm lu-do).

### Los Viveros

JARDÍN

6 👁 plano p. 90, A2

Pasear por Los Viveros es como entrar en un bosque en medio de la ciudad.

Sus árboles dispuestos en hileras y sus calles en perfecta cuadrícula lo convierten en un lugar ideal para correr. En esta burbuja de oxígeno y tranquilidad se dan clases, la mayoría gratuitas, de yoga, meditación y artes marciales. En un costado está el vivero que le da nombre y que vende plantas y flores de todo tipo (www.viveroscoyoacan.gob.mx; av. Coyoacán s/n; ⏲6 am-6.30 pm lu-do; Ⓜ Viveros).

## Museo de Culturas Populares
MUSEO

7 ◉ plano p. 90, C3

Como su nombre indica, este recinto está dedicado a la muestra de expresiones artísticas y culturales de los diferentes pueblos que conforman México, por lo que vale la pena acercarse

y visitar la exposición de temporada. Los fines de semana es común encontrar en el patio venta de artesanías y conciertos de música tradicional (www.museoculturaspopulares.gob.mx; av. Hidalgo 289; general $12, menores de 12 años, estudiantes, maestros y adultos mayores gratis; ⏲10 am-6 pm ma-ju, 10 am-8 pm vi-do).

## Fonoteca
CENTRO DE ARTE

8 ◉ plano p. 90, A4

Este bellísimo edificio del s. XVIII, conocido como casa Alvarado, es la primera fonoteca de América Latina. Creada en el 2009, se encarga de resguardar la memoria sonora del país. Antes fue residencia de personajes ilustres como el poeta Octavio Paz, quien vivió aquí el último año de su vida. Su bello patio se convierte a

## Comprender
### Cortés en Coyoacán

En las *Cartas de relación* que escribió Hernán Cortés a Carlos V tras la conquista de Tenochtitlán en 1521, señala su lugar de residencia en "la ciudad de Cuyoacán". Es aquí donde se instala la primera prisión en la que se encierra, tortura y ejecuta a la jerarquía mexica. A partir de ahí, Cortés organiza la repartición del nuevo territorio entre sus hombres, dicta las primeras leyes tributarias y ordena la reconstrucción de Tenochitlán para que sea la capital de la Nueva España. Aunque en el palacio del Ayuntamiento hay una placa que identifica a ese sitio como la casa de Cortés, la mayoría de los historiadores ubican su cuartel general en una finca cercana a lo que hoy es la plaza de la Conchita, donde construyó la primera iglesia y las primeras viviendas para sus hombres. En lo que todos coinciden es en que el conquistador vivió aquí entre 1521 y 1523, y durante esos años Coyoacán fue la capital administrativa del naciente virreinato. Posteriormente recibió el título de villa (la segunda en importancia tras la capital) y se convirtió en el lugar favorito de la jerarquía española hasta nuestros días, que lo es de la élite moderna.

Los Danzantes.

dera pintadas de colores, es un lugar perfecto para charlar con los amigos y tomar un buen mezcal. Entre semana sirve un sabroso menú de tres tiempos a la hora de comer (☎55 5658-2057; Malintzin 199; menú lu-vi/menú a la carta sado $90/150; ⏱1 pm-2 am lu-ju, 1 pm-2.30 am vi y sa, 10 am-11 pm do).

### Tostadas Coyoacán    MEXICANA $

 10   plano p. 90, C3

Hay que serpentear entre los puestos de carne y fruta hasta encontrar estas famosas tostadas en medio del mercado de Coyoacán. Un ejército de chicos con uniforme se apresura a atender al cliente y lo acomodan en barras compartidas. Desde 1956 aquí se rinde culto a la tostada de mariscos en todas sus variantes, pero la especialidad para los locales es la de pata (pierna de ternera) (☎55 5659-8774; Ignacio Allende 59, mercado de Coyoacán, locales 169, 181 y 182; tostada $25;⏱11 am-6 pm lu-do).

veces en jardín sonoro y se organizan caminatas sonoras, a pie o en bici, por la ciudad (www.fonotecanacional.gob.mx; Francisco Sosa 383; ⏱9 am-7 pm lu-vi, 9 am-6 pm sa, do cerrado).

## Dónde comer

### Madre Malintzin    MEXICANA $

9   plano p. 90, C3

Pese a ser una nave enorme, logra convertirse en un lugar muy agradable, sobre todo en la noche, cuando se abre el techo de dos aguas y se encienden sus grandes lámparas rústicas. Decorado con sillas de ma-

### Los Danzantes    OAXAQUEÑA $$$

11   plano p. 90, C4

La especialidad de este lugar imprescindible es la comida oaxaqueña, con debilidad por el huitlacoche (hongo de maíz) cocinado en *fondue* y en ravioles. Tiene platos memorables, como el atún con costra de pistacho en cama de lentejas, y detenta el honor de ser el primero en traer el mezcal a la Ciudad de México. Su privilegiada terraza está justo frente a la fuente de los Coyotes (☎55 5554-1213/55 5554-2896; www.losdanzantes.com;

plaza Jardín Centenario 12; principales $200; ⏱1.30 pm-11 pm lu-mi, 1.30 pm-1 am ju-vi, 9 am-1 am sa, 9 am-11 pm do).

## La Pause
MEXICANA $$

 12 plano p. 90, A4

Está en sintonía con el espíritu tranquilo de la calle Francisco Sosa. Al ser una casa, tiene distintos recovecos donde sentarse y un patio lleno de vegetación al fondo. Es muy popular los fines de semana para desayunar en familia. Aunque no sirve cenas, ofrece meriendas (☎55 5658-6780, 55 5658-6891; www.lapausecoyoacan.com; Francisco Sosa 287; desayuno $100, principales $180; ⏱8 am-10 pm lu-sa, 9 am-6 pm do).

## Mercado de Antojitos
MEXICANA $

 13 plano p. 90, C4

Sobre la calle Higuera esquina con la plaza Centenario se encuentra este mercadito donde venden quesadillas, tostadas, flautas, sopes, pambazos, pozole y jugos. Es ideal para hacer una parada rápida y comer un tentempié antes de seguir caminando (Higuera 40; quesadilla $15, pozole $60; ⏱8 am-11 pm lu-do).

## El Tajín
VERACRUZANA $$$

 14 plano p. 90, C5

Ofrece cocina tradicional veracruzana con un toque contemporáneo. Este restaurante trajo a México el concepto de *slowfood*. Es famoso por las enchiladas de pato, las gambas al tamarindo y la lengua a la veracruzana (☎55 5659-5759; www.eltajin.com.mx;

Centro Cultural Veracruzano, Miguel Ángel de Quevedo 687; principales desde $200; ⏱1 pm-6 pm lu-vi, 1 pm-7 pm sa-do).

## La Bella Lula
OAXAQUEÑA $$

 15 plano p. 90, C5

Un lugar sin pretensiones estéticas en el que se come auténtica comida oaxaqueña a muy buen precio. Tiene uno de los moles negros más deliciosos de la zona, por no hablar de las tradicionales *tlayudas* o los chiles pasilla rellenos de picadillo de pollo y almendras (www.labellalula.com.mx; Miguel Ángel de Quevedo 652; principales $100; ⏱10 am-7 pm lu-vi, 9 am-8 pm sa y do).

Vida local
### Un café en cada esquina

Al ser un barrio que invita a pasear, Coyoacán está lleno de cafés que avivan el espíritu bohemio de la zona. **El Jarocho** (www.cafeeljarocho.com.mx; Cuauhtémoc 134; ⏱6 am-1 am lu-do) es toda una institución desde 1953, donde hay que elegir entre el tradicional café de olla o el *frappé* de capuchino-moka. En el **Café Avellaneda** (Higuera 40; ⏱8 am-10 pm lu-do) la calidad del café es inversamente proporcional a su tamaño (una pequeña barra con cuatro sillas), por lo que los dueños piden a los clientes que eviten echar raíces. Tienen café de Oaxaca y Guerrero y los asiduos adoran el *flat* (capuchino cremoso con doble carga de café).

# Dónde beber

### La Coyoacana
CANTINA

16  plano p. 90, D4

Aquí se cumple la tradición de tomar la cerveza a la salida del trabajo. Ruidosa y alegre, tiene la particularidad de congregar gente de todas las edades en largas mesas los fines de semana. Se recomienda ir temprano para conseguir un lugar en la terraza (Higuera 14; 12 pm-1 am lu-mi, 1 pm-2 am ju-do).

### Corazón de Maguey
MEZCALERÍA

17 plano p.90, C4

Decorado con artesanías y elementos prehispánicos, es un santuario del mezcal artesanal repartido en dos plantas que dan al Jardín Centenario. Además de ofrecer 50 tipos de mezcal, preparan cócteles, cremas y nuevas versiones de *martinis*, mojitos y caipiriñas (www.corazondemaguey.com; pl. Jardín Centenario 9A; 1 pm-12.30 am do-mi, 1 pm-1.30 am ju-sa).

### La Bipo
CANTINA

18 plano p. 90, C3

Tiene una decoración reciclada y aroma *retro,* pero es una apuesta segura para una fiesta con DJ y cócteles sofisticados. La parte de arriba, que antes era un bar, es ahora una terraza para fumadores. Su propietario es el famoso actor Diego Luna (Malintzin 155; 1 pm-1 am lu-mi, 1 pm-2 am ju-sa).

### Centenario 107
CERVECERÍA

19 plano p. 90, C2

A pesar de su amplitud, se llena a reventar cada fin de semana. Es uno de los favoritos de la gente joven, que llega a tomar cerveza hasta tarde (Centenario 107; 1 pm-12 am ma, 1 pm-1 am mi, 1 pm-2 am ju-sa, 1 pm-11 pm do).

### El Hijo del Cuervo
BAR

20 plano p. 90, C3

Este lugar emblemático, ajeno a las modas, destaca por sus conciertos y eventos culturales, por eso se define como "cultubar". Vale la pena echarse una cerveza y contemplar el ir y venir de la plaza (www.elhijodelcuervo.com.mx; pl. Jardín Centenario 17; 1 pm-12 am lu y ma, 12 pm-1 am mi, 12 pm-2 am ju-sa, 12 pm-12 am do).

### La Celestina
BAR-CANTINA

21 plano p. 90, C4

Sirven tapas españolas y buenos vinos en un ambiente animado y bohemio. Su tenue iluminación y su espíritu desenfadado lo convierten en un buen lugar para ligar y conocer gente (Caballocalco 14A; 1 pm-11 pm do-mi, 1 pm-1.30 am ju-sa).

# Ocio

### El Vicio
TEATRO-BAR

22 plano p. 90, C2

La sede principal de la compañía de Las Reinas Chulas es uno de los pocos lugares de la ciudad dedicado al cabaré y a la sátira política. Después del *show,* la gente se queda a tomar una copa y a charlar en un ambiente divertido (📞 55 5659-1139; www.elvicio.com.mx; Madrid 13; programa y horarios en la web).

### Teatro Santa Catarina TEATRO

23 ⭐ plano p. 90, A4

Es el único foro teatral de la UNAM que se encuentra fuera del recinto universitario. Con una ubicación inmejorable, frente a la hermosa plaza de Santa Catarina, este pequeño teatro mantiene la alta calidad con una única obra por temporada. Es imprescindible reservar (📞 55 5622-6955; www.teatrounam.mx; Jardín de Santa Catarina 10).

### Cineteca Nacional CINE

24 ⭐ plano p. 90, C1

Se remodeló en el 2012 con un cambio de imagen integral: cuatro nuevas salas, una explanada para ver películas gratis al aire libre, nuevos cafés y un gran estacionamiento. Ofrece dos grandes festivales de cine que no hay que perderse: El Foro y la Muestra Internacional (www.cinetecanacional.net; av. México-Coyoacán 389; general/estudiantes $40/25; Ⓜ Coyoacán).

# De compras

### Jardín Centenario TIANGUIS

25 🔒 plano p. 90, C4

Los sábados y domingos la tranquilidad del barrio se transforma en un gran bullicio entre puestos que dan vida al principal jardín de la zona. Decenas de puestos de pulseras, velas aromáticas y bolsas hechas a mano, entre otros productos, hacen las delicias de locales y extranjeros (🕐 10 am-8 pm sa-do).

### Mercado de Coyoacán MERCADO

26 🔒 plano p. 90, C3

Aquí se encuentra de todo: frutas, verduras, piñatas, disfraces de super-héroe... En la entrada de la esquina de Allende y Xicoténcatl se sitúan los puestos dedicados a las artesanías. A finales de octubre se vende lo necesario para los altares del Día de Muertos y en diciembre las figuras para los nacimientos (Ignacio Allende 59; 🕐 5 am-6 pm lu-do).

Corazón de Maguey.

Explorar

# Sur de Ciudad de México

La vida cultural del sur de la ciudad gira en torno a C.U., el campus central de la Universidad Nacional Autónoma de México (UNAM). La principal universidad pública del país se convierte los fines de semana en un gran parque familiar donde los niños andan en bicicleta. Cerca está San Ángel, un elegante y aristocrático barrio de estilo colonial que los sábados se llena de vida gracias a su mercado.

# Lo mejor en un día

☼ La mejor opción es comenzar el día recorriendo la explanada de la Rectoría de **Ciudad Universitaria** (p. 100) y contemplar sin prisas los murales de las fachadas de los principales edificios del conjunto. Se puede llegar después al **Museo Estudio Diego Rivera y Frida Kahlo** (p. 102) y conocer el lugar en el que trabajaba el pintor. Para tomar un café el mejor lugar es la preciosa terraza del **Museo de Arte Contemporáneo (MUAC)** (p. 101).

☼ A la hora de la comida, basta cruzar la calle para llegar al restaurante **Antiguo San Ángel Inn** (p. 103) y disfrutar de una buena comida típica. Con la barriga llena hay que bajar a la **plaza de San Jacinto** (p. 105) para disfrutar de un paseo entre las viejas casonas, los jardines, las plazas, las galerías y, en especial, el **bazar del Sábado** (p. 104), que los fines de semana llena de color y bullicio este tradicional y tranquilo rincón de la ciudad. Durante el recorrido no hay que dejar pasar las nieves de sabores, los dulces típicos o los elotes con queso que ofrecen numerosos vendedores al caer la tarde.

☾ Para cerrar con broche de oro, nada como una buena cena en el **Saks San Ángel** (p. 109) o, si se busca algo más animado, una gran noche de baile en **Mama Rumba** (p. 110) acompañada de unos mojitos.

##  Principales puntos de interés

Ciudad Universitaria (p. 100)

Museo Estudio Diego Rivera y Frida Kahlo (p. 102)

## ◔ Vida local

Los sábados en San Ángel (p. 104)

## ♥ Lo mejor

**Arte**

Museo Universitario de Arte Contemporáneo (p. 101)

Museo de El Carmen (p. 105)

**Para comer**

Azul y Oro (p. 109)

Saks San Ángel (p. 109)

## Cómo llegar

🚌 **Metrobús** Altavista, La Bombilla, Doctor Gálvez, C.U., C.C.U. y Villa Olímpica (Línea 1)

Ⓜ **Metro** Universidad (Línea 3)

## Principales puntos de interés
# Ciudad Universitaria

El campus central de Ciudad Universitaria fue construido a mediados del s. xx como sede de la Universidad Nacional Autónoma de México (UNAM), principal institución educativa pública del país. Cuenta con un original estadio, sede del equipo universitario de fútbol los Pumas, en donde se llevaron a cabo los Juegos Olímpicos de 1968, un centro cultural con una de las mejores salas de conciertos, teatros y cines, varios museos y una reserva ecológica. El conjunto arquitectónico es Patrimonio Mundial de la Unesco.

👁 plano p. 106, C5

www.patrimoniomundial.
unam.mx

gratis

🚌 C.U.

Ⓜ Universidad

Museo Universitario de Arte Contemporáneo (MUAC).

# Imprescindible

## Murales

Una gran obra de arte de Juan O'Gorman recubre las cuatro caras del edificio de la Biblioteca Central de Ciudad Universitaria y en torno a la torre de Rectoría se encuentran tres murales de David Alfaro Siqueiros.

## Vista del Estadio Olímpico

Frente a la torre de Rectoría, del otro lado de la avenida de los Insurgentes, se puede apreciar el Estadio Olímpico, cuya fachada está decorada con un altorrelieve de Diego Rivera. Es sede de los equipos Pumas CU, de fútbol americano, y Pumas de la UNAM, de fútbol de primera división.

## Espacio escultórico

Concebido como una obra de arte público a finales de la década de 1970, este lugar se ha convertido en un punto de reunión y expresión de los universitarios. Está compuesto por 64 bloques piramidales que forman una estructura circular asentada en una base de lava petrificada.

## MUAC

Inaugurado en el 2008, el Museo Universitario de Arte Contemporáneo (MUAC) es el recinto dedicado a las diferentes propuestas artísticas de los últimos años más importante del país.

## Universum

Este es el paraíso de los niños que quieren saberlo todo. El recinto está dedicado a la ciencia y la tecnología, y cuenta con una fascinante sala dedicada al cerebro humano y talleres para aplicar la química y la física a la vida diaria.

## ☑ Consejos

▶ Los fines de semana se pueden ver con más tranquilidad los murales y edificios de la zona de la Rectoría.

▶ Asistir a un partido de los Pumas de la UNAM es toda una experiencia.

▶ Durante la fiesta del Día de Muertos (1-2 nov.) se instala una espectacular ofrenda de flores que vale la pena visitar.

## ✕ Una pausa

Frente a la Rectoría hay un enorme parque, conocido por los estudiantes como "las islas", que es un sitio magnifico para descansar, hacer un *picnic* o tirarse bajo un árbol mientras se disfruta de los tradicionales raspados (hielo picado con jarabe de sabores) o chicharrones que se venden en el lugar. A las puertas de la Biblioteca Central hay un pequeño local que ofrece café y sándwiches.

## Principales puntos de interés
# Museo Estudio Diego Rivera y Frida Kahlo

Es el lugar donde vivió y trabajó el pintor y muralista Diego Rivera, desde 1934 hasta su muerte en 1957. Además de mostrar objetos personales que utilizaba para pintar, el lugar es parte del proyecto de "casas funcionalistas" del arquitecto Juan O'Gorman y es una referencia mundial en su estilo. Con el boleto de entrada se puede acceder a la Casa-Estudio de Diego, la Casa de Frida, ubicada a un costado, y la Casa O'Gorman, que se encuentra a un lado, separada por una barda de cactus.

👁 plano p. 106, A1

www.estudiodiegorivera.
bellasartes.gob.mx

Diego Rivera 2

general/estudiantes $12/
gratis; gratis do

🕐 10 am-6 pm ma-do

🚌 La Bombilla.

# Imprescindible

### Estudio de Diego

En este lugar, Rivera realizó la mayoría de sus
obras de caballete y aquí se conservan pinceles,
lienzos, ropa de trabajo y hasta sus zapatos. Son
interesantes su colección de figuras prehispánicas y algunas de sus obras, entre las que destaca
*Retrato de Dolores del Río*.

### La recámara

Una peculiar forma de conocer la personalidad
del artista es visitando su pequeña y austera
habitación, amueblada con un buró, una cómoda,
un ropero y una cama y, sobre la misma, su pijama y un gorrito de lana. Aquí murió Rivera
el 24 de noviembre de 1957.

### Casa de Frida

El proyecto de O'Gorman consideraba dos casas
gemelas; sin embargo, el espacio de Frida Kahlo
es considerablemente más pequeño. La pintora
vivió en esta casa solo seis años, por lo que no
se conservan sus muebles ni objetos personales,
aunque en la cocina pueden verse curiosas fotos.
Un estrecho puente comunica la residencia de
Frida con la de Diego Rivera.

### Detalles de la arquitectura

Las tres casas conservan los techos originales y
las instalaciones eléctricas sobre las paredes. La
austeridad general, las escaleras exteriores, las
amplias estancias bien iluminadas por ventanales
para aprovechar la luz natural y las recámaras
reducidas son algunas de las características de
estas construcciones.

## ☑ Consejos

▶ Hay que pagar los
$30 del permiso para
tomar fotos; el interior
del estudio vale la pena.

▶ Es buena idea pre-
guntar por la proyección
de un documental
sobre la vida de Diego
y Frida que se presenta
de manera gratuita en
el lugar.

▶ Entre semana la casa
se puede visitar sin
prisas.

## ✖ Una pausa

En una antigua construc-
ción del s. XVII se emplaza
uno de los restaurantes
más elegantes y tradi-
cionales de la ciudad. Se
trata del **Antiguo San
Ángel Inn** (☎ 55 5616
1402; www.sanangelinn.com;
Diego Rivera 50 y Altavista;
consumo $400-500;
🕐 1 pm-1 am lu-sa, 1 pm-
10 pm do), que ofrece
una deliciosa selección
de platillos típicos
mexicanos e interna-
cionales que van del
famoso mole poblano
al pato en salsa de
zarzamora. Sus mar-
garitas son famosas.

# Vida local
# Los sábados en San Ángel

Aunque este barrio pueda visitarse cualquier día del año, el bazar de los sábados hace que sea más apetecible ir el fin de semana. Este tianguis de artesanías, que se ha convertido en una tradición, se complementa con los museos, la arquitectura y la historia de esta zona.

### ❶ Jardín del Arte
En realidad no es solo uno, sino dos: la **plaza de San Jacinto** y la **plaza del Carmen,** que los fines de semana se llenan de color con cientos de pinturas realizadas por artistas locales.

### ❷ Casa del Risco
En esta casona del s. XVII residieron varios personajes ilustres de la historia de México. Fue un cuartel, luego un hospital, y en 1933 la adquirió el

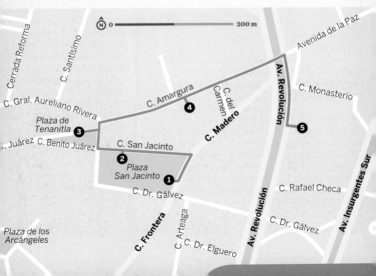

abogado, escritor y periodista Isidro Fabela. Ahora es el **Centro Cultural Isidro Fabela** (www.isidrofabela.com; plaza de San Jacinto 5 y 15; gratis; ⏱10 am-5 pm ma-do), que exhibe la colección de arte de su antiguo dueño y presenta exposiciones y conciertos.

**3** Plaza de Tenanitla

Entre semana pasa fácilmente desapercibida; sin embargo, los sábados se inunda de puestos de artesanías y antigüedades de todo tipo que atraen a gente de la ciudad y a muchos visitantes. El famoso **bazar del Sábado** (⏱9 am-6 pm), que tiene lugar frente a la plaza de San Jacinto, no decepciona a sus visitantes, que siempre encuentran algo para llevar a casa.

**4** Convento de los Carmelitas

Construido en 1616, fue seminario y hogar de los frailes carmelitas descalzos. Actualmente es el **Museo de El Carmen** (elcarmen.inah.gob.mx; av. Revolución s/n; general/estudiantes $48/gratis; ⏱10 am-5 pm ma-do; 🚇La Bombilla), que exhibe una amplia colección de arte sacro de los ss. XVII y XVIII. Además, se puede recorrer el edificio para conocer un poco sobre la vida de sus habitantes.

Una parte de este conjunto monumental es la **Antigua Casa del Agua**, que quedó separada del colegio a causa de la extensión de la avenida Revolución. En la actualidad es sede de la **Casa de Cultura Jaime Sabines.**

**5** Parroquia de San Jacinto

Construida a principios del s. XVII, esta iglesia y su convento tienen su entrada en una esquina de la plaza de San Jacinto: una pared azul con un portal de madera que vale la pena cruzar. Al ser un edificio de culto en activo, el templo no siempre está abierto (www.sanjacinto.org.mx; pl. San Jacinto 18 Bis; gratis; ⏱6.30 am-1 30 pm y 4 pm-8 pm lu-vi, 6.30 am-3 pm y 5 pm-9 pm do).

Plaza de San Jacinto.

A

B

C

D

**1**

C. Jazmín
C. Jardín
C. Correjidora
C. F. M. Villalpando
C. Enc anto
C. Jardín
C. Fesnos
C. León Felipe
C. Cerrada Reforma
C. José María de Teresa
Av. Revolución
13
C. Río San Ángel
C. Camelia
C. D. Rivera
C. Campestre
C. Reyna
C. Pedro Luis Ogazón
C. Vito Alessio Robles
C. Tecoyotitla
**Museo Estudio Diego Rivera y Frida Kahlo**
C. Calero
C. San Carlos
2
C. Comunal
C. Arenal
C. L. Valle 57
C. Arturo
**C. Altavista**
Museo de Arte Carrillo Gil
C. Cracovia
Av. Insurgentes Sur
Plaza San Luis Potosí
C. Chimalistac
Parque Tagle

**2**

C. V. Gómez
C. Gral. M. Lazcano
C. Reyna
C. Cerrada Reforma
C. Santísimo
Av. Revolución
Av. Paz
Parque de La Bombilla
3
4
Chimalistac
C. H. Galeana
11
C. Carmen
C. J. Prior
C. Hipo
C. Vizcainoco
C. Amargura
7
8
C. del S.
C. Huerto
C. Miguel Hidalgo
C. Juárez
**C. Madero**
15
10
16
C. Fresno
C. del Secreto
C. Oxtopulco
C. Árbol
C. Árbol
Plaza San Jacinto
C. Muzquiz
C. R. Checa
C. Fortín
C. Cerro Tuera

**3**

C. Michoacán
**C. Frontera**
C. Río Chico
Jardín del Arte
C. Loreto
Av. Revolución
Av. Insurgentes Sur
C. Río Chico
C. Chimalistac
C. Yucatán
C. Independencia
C. Altamirano
C. Relox
Av. Paseo del Río
C. Palma
C. Cuauhtémoc
C. Fco. I. Madero
14
9
C. Loreto
C. Victoria
C. Carrizal
C. Cuauhtémoc
C. Loreto

**4**

**Río de la Madalena**
C. La Otra Banda
**Av. Colpico**
**Av. San Jerónimo**
Av. Insurgentes Sur
**Av. Universidad**
C. Odontología
C. Escolar CU
Paseo de las Facultades
C. Escolar CU
C. Escolar CU
C. Escolar
C. Escolar
C. Escolar
**Ciudad Universitaria**

**5**

C. Fuego
C. Peñas
Estadio Olímpico Universitario
Av. Insurgentes Sur
C. Escolar CU

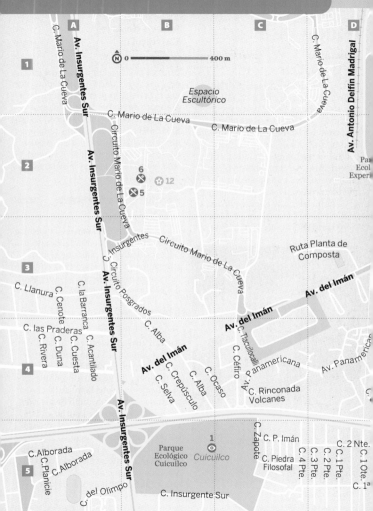

N 0 ————— 400 m

A
B
C
D

C. Mario de La Cueva
Av. Insurgentes Sur
C. Mario de La Cueva

Av. Antonio Delfín Madrigal

Espacio
Escultórico

C. Mario de La Cueva
C. Mario de La Cueva

Circuito Mario de La Cueva
Av. Insurgentes Sur

Par
Ecol
Exper

6 ✕
⭐ 12
5 ✕

Insurgentes
Circuito Mario de La Cueva

C. Insurgentes

Ruta Planta de
Composta

Circuito Posgrados
Av. Insurgentes Sur

Av. del Imán

C. Llanura

C. la Barranca
C. Cenote
C. las Praderas
C. Rivera
C. Duna
C. Cuesta
C. Acantilado

C. Alba

Av. del Imán

C. Tlacuilocalli

C. Céfiro
Av. Panamericana

Av. Panamerican

Av. del Imán
C. Crepúsculo
C. Selva
C. Alba
C. Ocaso

C. Rinconada
Volcanes

Av. Insurgentes Sur

C. Alborada
C. Planicie
C. Alborada
C. del Olimpo

Parque
Ecológico
Cuicuilco

1
⊙
Cuicuilco

C. Zapote
C. P. Imán
C. Piedra
Filosofal

C. 4 Pte.
C. 3 Pte.
C. 2 Pte.
C. 1 Pte.
C. 1 Ote.
C. 2 Nte.
C. 1ª

C. Insurgente Sur

# Puntos de interés

## Cuicuilco
ZONA ARQUEOLÓGICA

1 ⊙ plano p. 107, B5

La Gran Pirámide Circular de Cuicuilco, que data de 700 a. C.-150 d. C., es uno de los pocos vestigios de un pueblo que fue destruido por la erupción del volcán del Xitle. Aunque el lugar fue uno de los principales centros ceremoniales en la zona del valle de México, actualmente recibe pocos visitantes y se puede ver sin aglomeraciones. Es uno de los pocos sitios culturales que abre los lunes (www.inah.gob.mx; Insurgentes Sur 421; gratis; ⊙9.00 am-5.00 pm lu-do; 🚇Villa Olímpica)

Museo Carrillo Gil.

## Museo de Arte Carrillo Gil
MUSEO

2 ⊙ plano p. 106, B2

Alberga la colección de arte del empresario Álvar Carrillo Gil, compuesta por más de 1700 piezas entre pintura, grabado, litografía, fotografía, arte objeto y video, entre otras propuestas. Suele albergar exposiciones temporales de artistas contemporáneos (www.museodeartecarrillogil.com; av. Revolución 1608; entrada $12, gratis do; ⊙10.00 am-6.00 pm ma-do; 🚇Altavista)

## Parque de La Bombilla
JARDÍN

3 ⊙ plano p. 106, C2

Es un sitio histórico porque allí estaba el restaurante La Bombilla, donde fue asesinado el presidente Álvaro Obregón en 1928. Desde 1935 enmarca el monumento dedicado a la memoria del político (🚇La Bombilla).

## Chimalistac
PASEO

4 ⊙ plano p. 106, D2

Para pasar de la ajetreada Ciudad de México del s. XXI a la tranquilidad de la era virreinal bastan tres cuadras. Detrás del parque de La Bombilla, por la calle de San Sebastián, se llega a la plaza de Chimalistac, uno de los rincones más bonitos de la urbe, donde destaca una capilla del s. XVI construida por los frailes carmelitas. Hay que continuar hasta el paseo del Río, donde antiguamente se encontraba el río Magdalena y que ahora es un camino arbolado. Sin embargo, de los viejos tiempos sobreviven dos hermosos puentes de piedra. Un verdadero oasis de paz dentro de una gran metrópoli (La Bombilla).

# Dónde comer

### Azul y Oro
MEXICANA $$

5  plano p. 107, B2

Uno de esos lugares que son buenos, bonitos y no caros, pero eso sí, no es para ir con prisas. Desde la entrada se advierte que es un restaurante *slowfood:* los platillos se preparan al momento y se toman su tiempo. Las enchiladas ecológicas de Jamaica y el chocolate oaxaqueño con agua, que se sirven en el desayuno, son una delicia. Tienen platillos vegetarianos (☏55 5622-7135; www.azulrestaurantes.com; Centro Cultural Universitario; $300; ⏱1.00 pm-1.30 am lu-sa, 11.00 am-6.00 pm do; 🚇C.C.U.).

### Nube Siete
INTERNACIONAL $$

6  plano p. 107, B2

Ubicado en el sótano del MUAC, su principal atractivo es que está emplazado sobre piedras volcánicas, que se pueden observar gracias a su piso de cristal, y está rodeado de vegetación, lo que le da un ambiente muy relajado para platicar rodeado arte (Centro Cultural Universitario; aperitivos $200; ⏱9.00 am-6.00 pm lu-ma, 8.00 am-8.00 pm mi-do; 🚇C.C.U.).

Saks San Ángel.

### Saks San Ángel
MEXICANA $$$

7  plano p. 106, B2

Su terraza es uno de los lugares favoritos para desayunar los fines de semana y hay que llegar temprano para no tener que esperar. Son famosos sus panqués de elote, aunque los de plátano también son excelentes. Para la comida y cena entre semana se recomienda hacer reservación. Hay opciones vegetarianas (☏55 5616-1601; www.saks.com.mx; pl. San Jacinto 9, San Ángel; desayuno $200, comida-cena $400; ⏱7.00 am-10.30 pm lu, 7.00 am-12.00 am ma-vi, 8.00 am-11.00 pm sa y 8.00 am-8.00 pm do).

### Fonda San Ángel
MEXICANA $$

8 plano p. 106, B2

Nada más entrar se percibe que es ya un clásico. Este restaurante tiene más de 20 años de tradición y es uno de los pocos lugares donde se pueden comer los raros y deliciosos gusanos de maguey, chinicuiles (gusanos rojos) y escamoles (larvas de hormiga) como botana, siempre y cuando sea temporada (55 5550-1641; www.fondasanangel.com.mx; pl. San Jacinto 3; $300; 8.00 am-12.00 am lu-ju, 8.00 am-1.00 am vi, 9.00 am-1.00 am sa, 9.00 am-7.00 pm do).

## Dónde beber

### Mama Rumba
BAR

9 plano p. 106, B4

Si lo que se busca es algo de fiesta, no hay mejor sitio. Buena música en vivo y los tradicionales mojitos son perfectos para una noche inolvidable. De jueves a sábado hay clases de baile por $100 (55 5550-2959; www.mamarumba.com.mx; plaza Loreto, Altamirano 46; 10.00 pm-3.00 am ju-sa).

> Vida local
> **Los tacos de canasta**
> Pueden estar en cualquier lado: la señal es una bicicleta que transporta una canasta y un frasco enorme de salsa. A su alrededor, decenas de personas con un platito de plástico de colores. Son los tacos de canasta, que se pueden encontrar en cualquier parte de la ciudad, pero los de C.U. tienen fama de ser particularmente buenos. No hay que esperar mucho. Es una tortilla pequeña con una untada de papa, frijoles o chicharrón y tres tacos cuestan, por lo general, $10. Este sencillo antojito ha alimentado a varias generaciones de estudiantes.

### Hobos
JAZZ BAR

10 plano p. 106, B3

Un buen sitio para botanear o cenar ligero y tomar un trago al ritmo de grupos locales de *jazz*, *blues* o *rock*. Hay que consultar su sitio web para conocer el programa (www.hobos.com.mx; pl. San Jacinto 23, local A; 4.00 pm-2.00 am mi-ju, 1.30 pm-2.00 am vi-sa).

### Juan Soldado
CANTINA

11 plano p. 106, C2

Es el lugar favorito de los jóvenes de San Ángel. En horarios especiales se ofrecen promociones como todo lo que pueda comer por $99 o todas las cervezas por $50. Es de esperar que esté lleno a reventar (av. de la Paz 37; 1.00 pm-2.00 am lu-vi, 11.00 am-2.00 am sa, 11.00 am-6.00 pm do; Dr. Gálvez).

## Ocio

### Sala Nezahualcóyotl
SALA DE CONCIERTOS

12 plano p. 107, B2

Construida en 1976, es sede de la Orquesta Filarmónica de la UNAM. Está considerada como una de las salas de conciertos más importantes de América Latina por su maravillosa acústica; se dice que cae un alfiler y su impacto se escucha en la última fila (☏020 7304-4000; www.cultura.unam.mx; Centro Cultural Universitario; 🚇C.C.U.).

### Centro Cultural Helénico

TEATRO

**13** ⭐ plano p. 106, C1

Un gran lugar para disfrutar una obra de teatro, un concierto o un buen vino. Además, uno de sus atractivos es la capilla gótica que fue trasladada desde Ávila (España) (www.helénico.gob. mx; av. Revolución 1500; 🚇Altavista).

### Plaza Loreto

CENTRO COMERCIAL

**14** ⭐ plano p. 106, B4

La antigua fábrica de papel de Loreto, construida en el s. XVIII, es actualmente un encantador centro comercial al aire libre. Aparte de tiendas y restaurantes, pueden verse esculturas de Dalí del

Museo Soumaya Loreto (Altamirano 46; ⏰9.00 am-11.30 pm lu-do; 🚇Dr. Gálvez).

## De compras

### Caracol Púrpura

ARTESANÍAS

**15** 🔒 plano p. 106, B3

Artesanías de alta calidad como alebrijes, árboles de la vida, esculturas y cerámicas, es la oferta principal de esta galería (www.caracolpurpura.com.mx; Juárez 2A, local 1; ⏰10.00 am-8.00 pm lu-do).

### Galería María Bonita

ARTESANÍAS

**17** 🔒 plano p. 106, B3

Catrinas de todos los tamaños, árboles de la vida, piezas de papel maché, vidrio soplado y muebles de madera... Esta galería es muy conocida en la zona (pl. San Jacinto 17; ⏰10.00 am-6.00 pm lu-do).

### Xochimilco, la joya del sur

La ruta por el sur llevará inevitablemente hasta **Xochimilco,** la espectacular delegación surcada de canales que ha sido distinguida como Patrimonio Mundial. Allí se podrá pasar una divertida tarde a bordo de las peculiares trajineras recorriendo las chinampas en medio de la música de los mariachis. Se puede contratar una trajinera individual o subirse a una de las colectivas en las que es posible comer y beber. Aunque hay varios embarcaderos el de Cuemanco es el más conocido.

Explorar

# Polanco

Este es el barrio financiero de la ciudad y aquí están las tiendas de lujo, los mejores restaurantes, las grandes mansiones y las embajadas. Polanco está en pleno cambio y se extiende hacia el norte en lo que se conoce como Nuevo Polanco. El sello lo pone el Museo Soumaya, cuya fachada de paneles hexagonales de aluminio marca una nueva era.

# Lo mejor en un día

☀️ Hay que iniciar el día en Nuevo Polanco y el **Museo Soumaya** (p. 114) para echar un vistazo a su colección de esculturas. A la salida, basta con cruzar las vías del tren para continuar con el **Museo Jumex** (p. 118), el recinto más nuevo de la ciudad dedicado al arte contemporáneo. Si se viaja con niños, lo mejor es comenzar en el **Acuario Inbursa** (p. 118) para ver los grandes tiburones, cocodrilos y una gran variedad de especies marinas.

☀️ A la hora de la comida, los restaurantes de **Antara** (p. 119) y su zona de comida rápida ofrecen opciones para todos los gustos. Si las tiendas exclusivas de este centro comercial no son suficientes para una tarde de compras, hay que dar un paseo por las calles del barrio viejo hasta la **avenida Masaryk** (p. 119) y buscar allí las *boutiques* de Chanel, Marc Jacobs, Cartier y Burberry, o dirigir los pasos hacia las tiendas de Polanquito, también con mucho estilo y no tan caras.

🌙 Cenar en el **Pujol** (p. 119) es una experiencia que hay que vivir al menos una vez. Para los amantes de la fiesta nocturna, el **Gravity** (p. 122) es la mejor opción, pero si se busca algo más tranquilo está **La No. 20** (p. 122) para tomar un trago con los amigos antes de ir al **teatro Telcel** (p. 122) y disfrutar de un musical estilo Broadway.

 **Principales puntos de interés**

Museo Soumaya de Plaza Carso (p. 114)

♥ **Lo mejor**

**Para comer**

Pujol (p. 119)

Biko (p. 119)

Jaso (p. 120)

**De compras**

Antara (p. 119)

Common People (p. 123)

Pineda Covalín (p. 123)

## Cómo llegar

Ⓜ **Metro** Polanco, Auditorio, San Joaquín (línea 7)

## Principales puntos de interés
# Museo Soumaya de Plaza Carso

Este espectacular museo recubierto por placas de aluminio fue construido para albergar la colección de arte de Carlos Slim y su esposa Soumaya. En su interior se encuentra una de las muestras más completas de esculturas de Rodin, así como pinturas de Dalí, Rubens, Sorolla, Degas, Renoir, Rivera, Siqueiros y Tamayo, entre otros. La arquitectura innovadora, que algunos consideran reflejo del México moderno y otros comparan con una licuadora, se ha convertido en símbolo del Nuevo Polanco desde su inauguración hace cuatro años.

👁 plano p. 116, A1

www.soumaya.com.mx

Miguel de Cervantes Saavedra 303

gratis

🕒 10.30 am-6.30 pm lu-do

Ⓜ San Joaquín y 🚌 colectivo hacia Ejército Nacional, parada Ferrocarril de Cuernavaca

Fachada del Museo Soumaya de Plaza Carso.

# Imprescindible

### Arquitectura
Es el icono de Nuevo Polanco y uno de los lugares más fotografiados de la ciudad gracias a su espectacular arquitectura y los originales brillos que el reflejo del sol forma en la fachada.

### 'El Pensador' y 'La Piedad' (vestíbulo)
*El Pensador,* una de las versiones de la pieza más famosa del francés Auguste Rodin, recibe a los visitantes en el vestíbulo. Esta versión fue fundida en bronce en 1903 y es una de las de mayor formato. Al lado, al pie de las escaleras, se encuentra una réplica de bronce de *La Piedad* de Miguel Ángel, realizada en el s. XIX a partir del molde original.

### Siqueiros, Tamayo y Rivera (vestíbulo y sala 5)
Aunque están algo escondidos, los murales de Rufino Tamayo *El día y la noche* y *Naturaleza muerta* son dos de las joyas de la corona. A un costado se encuentra *Río Juchitán,* el último mural de Diego Rivera y, en la sala 5, *La tierra como el agua y la industria nos pertenecen,* de David Alfaro Siqueiros.

### El Greco (antiguos maestros europeos y novohispanos)
Entre pinturas de Rubens, Zurbarán, Brueghel el Joven, Brueghel el Viejo y El Españoleto, destacan dos piezas de El Greco: *Las lágrimas de san Pedro* y *Cristo en la cruz.* Vale la pena detenerse en esta sala para observar la serie de cuadros dedicados a la Virgen de Guadalupe realizados en el s. XVIII por artistas novohispanos.

## ☑ Consejo

▶ Este es el único museo que abre los lunes y días festivos.

▶ Se recomienda iniciar el recorrido por la planta más alta (sala 6) y seguir las rampas para bajar y recorrer el resto de las salas.

▶ Se puede descargar en el teléfono la aplicación del museo.

▶ Los últimos miércoles de mes hay visitas guiadas gratuitas.

## ✗ Una pausa

La **cafetería,** frecuentada por los oficinistas de la zona, ofrece comida corrida por $ 95 (incluye una sopa, guisado, arroz, frijoles, ensalada y agua de fruta). Suele llenarse de 2 a 3.30 pm. Si interesa, hay que pagar primero en la tienda de regalos, que está a un lado.

Otra opción son los restaurantes y el área de comida rápida de **Plaza Carso,** el centro comercial que está a espaldas del museo.

**A**    14    **B**    Cda. de F.C.    **C**    **D**

C. Presa Falcón

**Museo Soumaya** ◉

C. Lagu

C. Miguel de Cervantes Saavedra

Museo Jumex 1 ◉

**GRANADA**

**1**

C. Presa Oviachic

C. Miguel de Cervantes Saavedra

2 ◉ Acuario Inbursa

Antara 3 ◉

C. Moliere

**Av. Ejército Nacional**

**Av. Ejército Nacional**

**2**

C. Plinio

C. Sócrates

C. Platón

C. Séneca

C. Moliere

C. Goldsmith

C. Edgar Allan Poe

Calderón de la Barca

C. Lafontaine

C. A. Musset

C. A. Musset

C. Tennyso

Av. Homero

Av. Homero

Av. Homero

**POLANCO**

France

C. Alejandro Dumas

C. A

**Av. Horacio**

**3**

C. Solón

C. Cicerón

C. Plinio

C. Sócrates

C. Séneca

C. Enrique Ibsen

✕ 6

**Av. Horacio**

C. Edgar Allan Poe

C. Pedro

C. Anatole

C. A. Musset

Parque América

C. Esopo

**C. Presidente Masaryk**

Av. Masaryk ◉ 4

**C. Presidente Masaryk**

18

**MIGUEL HIDALGO**

C. J. Bernard Shaw

C. Platón

C. Moliere

C. Dickens

C. Séneca

C. Goldsmith

C. Edgar

7 ✕

17

19 🔒 ◉ 11

C. Oscar Wilde

Virgilio

16 ◉

C. Tennyson

**Anillo periférico**

C. Campos Elíseos

C. Ferrocarril de Cuernavaca

C. Montes Urales

C. Moliere

C. Ariosto

C. Goldsmith

✕ C. Emilio Castelar

C. Luis G. Urbina

Parque Lincoln

**Blvr. Manuel Ávila Camacho**

C. Monte Elbruz

Parque Rosario Castellanos

C. Campos Elíseos

C. Lafontaine

C. Anatole France

C. Julio Verne

C. A. Dumas

**4**

Av. Prado Norte

**Paseo de la Reforma**

**Paseo de la Reforma**

15 ◉

C. Campos Elíseos

◉ 13

**5**

C. Pedregal

C. Pedregal

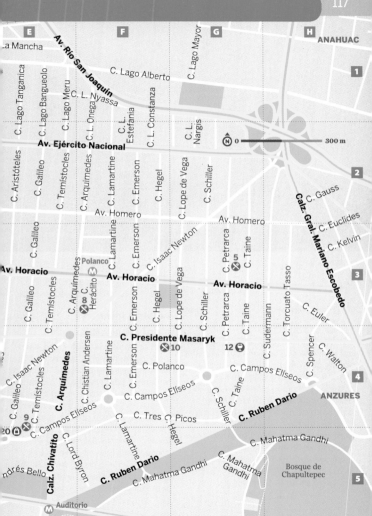

ANAHUAC

La Mancha

Av. Río San Joaquín

C. Lago Alberto

C. Lago Mayor

**1**

C. Lago Tanganica

C. Lago Bangueolo

C. Lago Meru

C. Lago Onega

C. L. Nyassa

C. L. Estefanía

C. L. Constanza

C. L. Nargis

**Av. Ejército Nacional**

(N) 0      300 m

**2**

C. Aristóteles

C. Galileo

C. Temístocles

C. Arquímedes

C. Lamartine

C. Emerson

C. Hegel

C. Lope de Vega

C. Schiller

Calz. Gral. Mariano Escobedo

C. Gauss

C. Euclides

C. Kelvin

**Av. Homero**

Av. Homero

C. Galileo

C. Lamartine

C. Emerson

C. Isaac Newton

C. Petrarca

C. Taine

Polanco Ⓜ

**Av. Horacio**

5 ✕

**Av. Horacio**

**3**

**Av. Horacio**

C. Galileo

C. Temístocles

C. Arquímedes

C. Heráclito

8 ✕

C. Emerson

C. Hegel

C. Lope de Vega

C. Schiller

C. Petrarca

C. Taine

C. Sudermann

C. Torcuato Tasso

C. Euler

C. Spencer

C. Walton

**C. Presidente Masaryk**

✕ 10

12 🏛

**4**

C. Galileo

C. Isaac Newton

C. Temístocles

**C. Arquímedes**

C. Chistian Andersen

C. Lamartine

C. Emerson

C. Polanco

C. Campos Elíseos

C. Schiller

C. Taine

C. Campos Elíseos

ANZURES

9 🔒

C. Temístocles

C. Campos Elíseos

C. Lord Byron

C. Campos Elíseos

C. Tres Picos

C. Hegel

**C. Ruben Darío**

20 🔒

**Calz. Chivatito**

ndrés Bello

C. Lamartine

**C. Ruben Darío**

C. Schiller

C. Mahatma Gandhi

C. Mahatma Gandhi

C. Mahatma Gandhi

Bosque de Chapultepec

**5**

Ⓜ Auditorio

Museo Jumex.

# Puntos de interés

## Museo Jumex

MUSEO

1 ◉ plano p. 116, B1

Está dedicado al arte contemporáneo, en concreto a la Colección Jumex, una de las más importantes de América Latina. Su construcción duró cuatro años y se caracteriza por el techo en forma de dientes de sierra. Ofrece visitas comentadas sin costo; solo hay que apuntarse en la taquilla (www. fundacionjumex.org/site/museojumex; Miguel de Cervantes Saavedra 303; nacionales/extranjeros $30/50, gratis para mayores de 60 años y menores de 15 años; do, entrada libre; ⊙11 am-8 pm ma-sa, 11 am-9 pm do;

M San Joaquín y microbús hacia Ejército Nacional, parada Ferrocarril de Cuernavaca).

## Acuario Inbursa

ACUARIO

2 ◉ plano p. 116, A1

Es el acuario más grande de Latinoamérica. Su principal atracción son los tiburones y se espera la llegada de pingüinos para el 2015. Se recomienda comprar los boletos con anticipación, aún así, es posible tener que hacer fila; sobre todo en fin de semana y vacaciones (www.acuarioinbursa.com.mx; Miguel de Cervantes Saavedra 300; $129 niños y adultos, menores de 3 años gratis; ⊙10 am-6 pm lu-vi, 10 am-7 pm sa-do; M San Joaquín y microbús hacia Ejército Nacional, parada Ferrocarril de Cuernavaca).

## Antara
CENTRO COMERCIAL

3 👁 plano p. 116, B1

El centro comercial más glamuroso de la ciudad cuenta con multitud de tiendas de marcas de lujo que se alternan con restaurantes, multicines y salas de conciertos. Hay que tener cuidado porque el espacio sirve a menudo de sede de importantes eventos, como inauguraciones de festivales, alfombras rojas y pasarelas de moda (www.antara.com.mx; Ejército Nacional 843; ⏰11 am-9 pm lu-do).

## Av. Masaryk
PASEO COMERCIAL

4 👁 plano p. 116, B3

La avenida Presidente Masaryk tiene uno de los precios más altos por metro cuadrado de Latinoamérica, junto al paseo Ahumada de Santiago de Chile y la calle Florida de Buenos Aires. Aquí se encuentran las *boutiques* más exclusivas (Etro, Brioni, Louis Vuitton, Chanel, Tiffany & Co., entre otras) y los restaurantes de los chefs más importantes de la ciudad (Ⓜ Polanco).

# Dónde comer

## Pujol
FUSIÓN $$$

5 🍴 plano p. 116, G3

Es uno de los restaurantes de referencia de la cocina mexicana en el mundo, conducido por uno de los chefs internacionales más premiados, Enrique Olvera, que lo ha colocado entre los 50 mejores del planeta. Su especialidad es la comida mexicana, pero como nunca antes se había hecho. De las carnes, hongos y maíz más frescos del mercado salen espectaculares platillos como taco de hongos ahumados, panza de cerdo frita o una espectacular mayonesa de hormiga chicatana. Como las buenas artesanías, cada platillo es una sorpresa única y su sabor distinto al anterior. La lista de espera es de varias semanas (📞55 5545-4111; www.pujol.com.mx; Francisco Petrarca 254; $1000-1500; ⏰comidas 1.30 pm-3 pm y cenas 6.30 pm-10.30 pm lu-sa; Ⓜ Polanco).

## Biko
FUSIÓN ESPAÑOLA-MEXICANA $$$

6 🍴 plano p. 116, C3

Sus famosos chefs Bruno Oteiza y Mikel Alonso, estrellas del Canal Gourmet, han logrado que la mejor

### Vida local
**Por el parque Lincoln**

Un buen plan para el fin de semana comienza con un desayuno en cualquiera de los muchos restaurantes de Mazaryk y sigue con un paseo por el parque Lincoln. Los sábados y domingos, chicos y grandes hacen navegar sus barcos a control remoto en el estanque y para los amantes de la naturaleza está el aviario, donde es posible olvidarse por unos minutos de que se está en el corazón de una de las ciudades más grandes del mundo. La entrada cuesta $7 y está abierto de 10 am a 4 pm ma-do.

cocina española se haga en México gracias a sabores propios que mezclan lo más excelso de las dos orillas. Lugar habitual de la gente vip de la ciudad, la cocina del Biko es una fusión de los ingredientes básicos con las texturas más innovadoras y sabores que rompen en el paladar. Se recomienda el merengue carbonatado, el changurro de betabel o el elíptico de calamar. Si es la primera vez, lo mejor es probar el menú degustación. "Si se queda con hambre, le traemos más y si le desagrada algún plato, se lo cambiamos", dicen en el lugar (☎55 5282-2064; www. biko.com.mx; plaza Zentro, Mazaryk 407; $1000-1500; ⏱comidas 1.30 pm-4.30 pm y cenas 8 pm-10.30 pm lu-sa; Ⓜ Polanco).

Novecento.

## Novecento
BISTRÓ ARGENTINO $$

7 🍴 plano p. 116, C4

Sucursal en México de un bistró que abrió en la década de 1990 en el Soho de Nueva York. El chef, Fran del Piero, inventa todas las tardes especiales del día que cocina a la mañana siguiente. Todos los ingredientes son caseros. Hay *brunch* los domingos para el que no se necesita reservación (☎55 5280-4619; Emilio Castelar 163; desayuno $200, *brunch* $300, comida-cena $450; ⏱desayuno 8 am-12.30 pm, comida/cena 1 pm-1 am ma-sa, 10 am-11 pm do).

## Jaso
ESTADOUNIDENSE $$$

8 🍴 plano p. 116, F3

Los chefs son pareja, ella es mexicana y él, de Boston. Juntos preparan un viaje a la nueva cocina estadounidense en uno de los restaurantes de moda de la ciudad. El menú se diseña según las estaciones del año. Es sofisticado y, al mismo tiempo, acogedor. Lo mejor son los postres: entre los más solicitados están el *cheesecake* de gorgonzola y el *brownie*. Para tomar unos tragos, la zona del *lounge* es ideal con unos mojitos o el *jaso cucumber,* una mezcla fresca de vodka, sake, pepinos y un toque de cítricos. Se pueden reservar *on-line* (☎55 5545-7476; www.jaso.com. mx; Newton 88; $800; ⏱2 pm-11.30 pm lu-sa; Ⓜ Polanco).

## Agua y Sal
CEVICHERÍA $$

9 🍴 plano p. 116, E4

Ceviches de calidad al estilo peruano y platos frescos y bien logrados a buen precio, eso sí, en un lugar caro como todo Polanco. Destaca el lenguado en leche de tigre (📞55 5282-2746; www.aguaysal.com.mx; Campos Elíseos 199; $300; ⏰12 pm-6 pm do-mi y 12 pm-10 pm ju-sa Ⓜ️Auditorio).

### D.O. ESPAÑOLA $$

🔟 🍴 plano p. 116, F4

Para un momento tranquilo alejado del formalismo de Polanco lo mejor es hacer una parada en el restaurante D.O., a cargo del chef Pablo San Román. Ambiente cercano y cocina española con acento vasco, donde se pueden encontrar un excelente jamón ibérico, *kokotxas* de pescado local o bacalao a la vizcaína con una buena relación calidad-precio. Tiene, además, una larga lista de rones, ginebras y tequilas para tomarse un trago bien servido (📞55 5255-0612; www.denominaciondeorigendo.com; Hegel 406 esq. Masarick $400; ⏰1.30 pm 12 am lu-sa; do hasta las 7 pm; Ⓜ️Polanco).

## Dónde beber

### La Surtidora Don Bátiz FONDA-CANTINA

1️⃣1️⃣ 🍷 plano p. 116, D4

Lejos del concepto *chic*, este local tiene el sabor de las viejas fondas de barrio y la buena comida de los mercados. Desde pulque, cerveza de barril, gorditas, tacos al pastor y quesadillas hasta especialidades de temporada, como el chile en nogada que solo

se hace en agosto y septiembre o el pozole de los jueves. Los *mezcaltinis* de tamarindo y las tostadas de atún son especialmente ricos (Julio Verne 93; ⏰12 pm-2 am lu-vi, 8 am-2 am sa y 8 am-8 pm do; Ⓜ️Polanco, Auditorio).

### La Excéntrica CANTINA

1️⃣2️⃣ 🍷 plano p. 116, G4

Sería una cantina elegante más si no fuera por su menú, que hace honor a su nombre, con platillos como el sándwich de mejillón, el pato ecológico al pastor o el lechón confitado, la especialidad de la casa. Aunque sirven desayunos, el lugar cobra vida en las noches gracias a sus 50 tipos de mezcal artesanal (Schiller 333; ⏰desayuno 8 am-2 pm lu-vi y 9 am-2 pm

### Consejo
### Huir del atasco

Polanco es un lugar para llegar temprano y salir tarde. Los que trabajan aquí tratan por todos los medios de evitar el tráfico de la hora pico de mañana o la salida de las oficinas. El barrio es muy agradable para caminar, y tras las obras de remodelación de la avenida Masaryk, luce más elegante y apacible. Por las tardes, para evitar el tráfico, se puede pasar un par de horas en alguno de los muchos cafés o restaurantes que montan sus mesas sobre las aceras de las calles más garbosas de la ciudad y esperar a que las avenidas se despejen.

sa-do, comida 2 pm-6 pm do-lu y 2 pm-2 am ma-sa; MPolanco).

### La No. 20

CANTINA

13  plano p. 116, D5

Una cantina al típico estilo mexicano, donde además de beber se come muy bien, pero con el toque de *glamour* y estilo del barrio. Su carta tiene una gran variedad de tequilas y mezcales, además de cócteles de la casa, como el mojito de guanábana. Para acompañar se pueden pedir tacos tradicionales de tuétano, lengua o escamoles, entre muchas otras delicias (www.lano20. com.mx; Andrés Bello 10; ⏱1 pm-2 am lu-sa; MAuditorio).

## Ocio

### Teatro Telcel

TEATRO

14 ⭐ plano p. 116, B1

Diseñado por el arquitecto español Antón García Abril, estaba pensado para ser el teatro Cervantes, pero la

### Vida local

**Polanquito**

En el sur del barrio, en el cuadro que forman la avenida Masaryk y las calles de Emilio Castelar, Alejandro Dumas y Anatole France, se encuentra la zona conocida como Polanquito, donde en los últimos cinco años ha surgido una serie de restaurantes y tiendas alternativas a los elegantes sitios del barrio.

crisis en Europa detuvo la inversión española y el lugar fue absorbido por el Grupo Carso. Se caracteriza por estar 6 m bajo tierra y contar con luz natural gracias a sus terrazas (📞55 5207-1498; Lago Zürich 245; MSan Joaquín y microbús hacia Ejército Nacional, parada Ferrocarril de Cuernavaca).

### Gravity

ANTRO

15 ⭐ plano p. 116, D5

Ubicado en lo que era el Hard Rock México, este sitio es de los más exclusivos y mantiene la tradición del "cadenero", el guardia de la entrada que decide quién entra y quién no; por lo general, lo logran sin problemas los famosos, los que llegan en autos de lujo, los más guapos y mejor vestidos. Es el favorito para bailar a ritmo del *pop* de los noventa (📞55 2574-7773; www.gravitypolanco.com; Campos Elíseos 290; $400 *cover* más consumo; ⏱11.30 pm-3 am ju-sa; MAuditorio).

### El Péndulo

CAFÉ-LIBRERÍA

16 ⭐ plano p. 116, D4

El lugar ideal para encontrar ediciones especiales o películas de autor y comer bien. La sucursal de Polanco es la más bella y vale la pena visitarla para pedir una tablita mexicana y una *bramichelada* (📞55 5280-4111; www.pendulo.com; Alejandro Dumas 81; ⏱8 am-11 pm lu-mi, 8 am-12 am ju-vi, 9 am-11 pm sa, 9 am-10 pm do; MAuditorio).

# De compras

## Common People ROPA Y ACCESORIOS

**17** 🔒 plano p. 116, C4

Una antigua casona de principios del siglo xx fue transformada en una tienda diferente, llena de detalles de diseño y moda, donde se encuentran desde esencias para el estrés hasta zapatos de marca. Se caracteriza por promover a diseñadores mexicanos, además de ofrecer en exclusiva productos de Vivienne Westwood. La entrada es por el restaurante Le Mat. En el primer piso hay una cafetería con una buena vista al parque Lincoln (www.commonpeople.com.mx; Emilio Castelar 149; ⏱11 am-9 pm ma-do; Ⓜ Auditorio).

## Las Artesanías ARTESANÍAS

**18** 🔒 plano p. 116, D4

Talaveras, cajas de Olinalá, pulseras, muñecas, juguetes de madera y una amplia variedad de artesanía de todo México se reúnen aquí, con la única desventaja de tener precios de Polanco (📞55 5280-9515; Masaryk 360, Pasaje Polanco; ⏱10 am-8 pm lu-sa, 12 pm-6 pm do; Ⓜ Auditorio, Polanco).

## Taller Serra JOYERÍA

**19** 🔒 plano p. 116, D4

Piezas de plata, cristal, cuentas y cuero en diseños únicos se encuentran en esta joyería artesanal contemporánea de la diseñadora Cynthia Serrano. Es el lugar ideal para encontrar anillos, brazaletes y collares originales, de

Pineda Covalin.

calidad y buen gusto (www.tallerserra.com; Masaryk 360, Pasaje Polanco; ⏱11 am-8 pm lu-do; Ⓜ Auditorio, Polanco).

## Pineda Covalin ROPA Y ACCESORIOS

**20** 🔒 plano p. 116, F5

Excelente *boutique* para llevarse a precio asequible un bonito pañuelo, una mascada o un monedero con diseños puramente mexicanos. Estilo y color sobre seda de dos de las diseñadoras más internacionales. También hay guayaberas en lino para hombre y tiene una sucursal en el aeropuerto por si se echa el tiempo encima (Campos Elíseos 215 esq. Galileo; ⏱9 am-8 pm lu-sa; Ⓜ Auditorio, Polanco).

## Principales puntos de interés
# Teotihuacán, un día con los dioses

**Cómo llegar**

🚌 Autobuses Teoti-
huacanos (Central del
Norte; $40/trayecto)
son la opción más eco-
nómica. Turibus tiene
un servicio que incluye
visita a la basílica de
Guadalupe y comida
(Auditorio; adultos/ni-
ños $900-500; www.
circuitopiramides.
com.mx).

Aunque administrativamente no pertenece a la
Ciudad de México sino al Estado de México, los
50 km que hay que realizar para visitar Teotihuacán valen mucho la pena. Allí el viajero conocerá
la "ciudad donde los hombres se convertían en
dioses". Penetrar en esta extensa zona arqueológica,
declarada Patrimonio Cultural de la Humanidad por
la Unesco, es conocer de primera mano uno de los
enclaves prehispánicos más imponentes de América.
Recorrer sus calzadas y asombrarse ante sus pirámides es, sin duda, una experiencia inolvidable.

Pirámide del Sol, Teotihuacán.

# Imprescindible

### Inicio del paseo
Para aprovechar al máximo la visita es recomendable iniciar la ruta por la puerta 1 y concluir en la puerta 3; de esta manera se recorren los edificios más importantes, comenzando por La Ciudadela y siguiendo en el Gran Conjunto.

### Calzada de los Muertos
Esta amplia avenida de más de 2 km da perfecta idea del majestuoso trazado de la ciudad. A lo largo de ella se encuentran, además de las dos pirámides, la del Sol y la de la Luna, los edificios más importantes del conjunto.

### Pirámide del Sol
Es obligatorio subir a esta pirámide, la segunda más alta de todo México. Habrá que escalar casi 250 escalones angostos y muy gastados, pero el premio es una vista maravillosa y unas fotografías espectaculares. Para bajar hay que vencer el vértigo y hacerlo despacio, sorteando a los que suben y evitando resbalones.

### Pirámide de la Luna
Una de las construcciones más antiguas de Teotihuacán. Tiene menor altura que la del Sol y remata, hacia el norte, la Calzada de los Muertos.

### Museo de la Cultura Teotihuacana
Después de un refrigerio, uno puede adentrarse en las salas de este museo que explica la historia de Teotihuacán, desde que fue construida en el año 400 a.C. hasta que se abandonó en el s. VIII. En su momento de esplendor, entre los ss. III y IV, llegó a tener una población de más de 100 000 personas.

---

www.teotihuacan.inah.gob.mx

general $59; do gratis

⊘ 9 am-4.30 pm lu-do

### ☑ Consejos

▶ Hay que dedicar un día entero a la visita y tener en cuenta que los traslados desde CDMX pueden durar hasta 2 h, dependiendo del tráfico.

▶ Es imprescindible llevar zapatos cómodos, ropa fresca, sombrero, agua y protector solar. El clima de la zona es muy árido.

▶ Durante el equinoccio de primavera (21 de marzo), miles de personas vestidas de blanco acuden para recargar su energía.

### ✕ Una pausa

Junto a la puerta 5 está **La Gruta** (www.lagruta.mx; ⊘ 11 am-7 pm lu-do), un restaurante que sirve una excelente sopa azteca, además de escamoles y gusanos de maguey.

## Principales puntos de interés
# Pueblos Mágicos

### Cómo llegar

🚌 A Tepoztlán: Pullman Morelos (www.pullman.mx; $100). Al Parque Natural Izta-Popo Zoquiapan: las líneas Volcanes y Sur. A Malinalco: autobuses de Flecha Roja (www.grupoflecharoja.com.mx). A Valle de Bravo se sale desde Observatorio.

A pocos kilómetros de la capital es posible encontrar y saborear las esencias más mexicanas. Aquí cabe de todo, desde compartir una nieve en una típica plaza, descubrir ruinas arqueológicas o pasear al aire libre. El único punto en común es que son destinos exclusivos y poco masificados, alternativas frescas y diferentes que permiten descubrir unos hermosos lugares que han sabido preservar su riqueza cultural e histórica.

Vista de Tepoztlán.

# Imprescindible

### Tepoztlán

Es la excursión ideal, a 45 km de la Ciudad de México. Los fines de semana se llena de gente que disfruta de un lugar pintoresco considerado "pueblo mágico" gracias a sus calles empedradas, sus iglesias y el ambiente relajado y místico que destila.

### Tepotzotlán

Sito 45 km al norte de la Ciudad de México, Tepotzotlán es un lugar con más de 500 años de cultura y tradición. La joya de la corona es el **Museo Nacional del Virreinato** (www.virreinato.inah.gob.mx) que expone una increíble colección de arte religioso y de la época virreinal.

### Parque Natural Izta-Popo Zoquiapan

Es el destino ideal para los amantes de la montaña y el aire libre. Tiene el atractivo de poder contemplar dos volcanes: el Popocatépetl ("montaña que humea" en náhuatl) y el Iztaccíhuatl ("mujer dormida").

### Malinalco

Este misterioso lugar fue sede los poderosos guerreros aztecas águila y jaguar. No hay que perderse las dos maravillas arquitectónicas del lugar: los restos arqueológicos del cerro de los Ídolos y el convento agustino del s. XVI, en el centro del pueblo.

### Valle de Bravo

A 2 h de la Ciudad de México rumbo a Michoacán está otro de los "pueblos mágicos", uno de los lugares favoritos de las familias de la Ciudad de México para pasar el fin de semana. Destacan sus calles tranquilas y empedradas, bosques y un embalse donde practicar parapente o pasear en barca.

## ☑ Consejos

▶ En Tepoztlán es recomendable subir al Tepozteco para contemplar desde lo alto las maravillosas vistas; imprescindible llevar calzado cómodo.

▶ Valle de Bravo es un lugar espectacular para encontrar mágicos hoteles que dan a la presa.

## ✗ Una pausa

Para comer en Tepozlán hay multitud de opciones: la más conocida es **El Ciruelo** (www.elciruelo.com.mx; ☎73 9395-2559; Ignacio Zaragoza 17); la más sabrosa, **Las Marionas** (☎73 9395-1655; Av. Revolución 131; abierto solo sa y do), cocina vasca tradicional; y la más popular, el **mercado del zócalo,** que ofrece exquisitos antojitos mexicanos a buen precio. En Malinalco cualquier restaurante ofrece las especialidades del lugar: trucha y conejo.

Lo mejor de

# Ciudad de México

**Los mejores paseos**

**Lo mejor**

Vista de la Catedral metropolitana (p. 25).

Los mejores paseos
# La cuna de un país

## 🏃 El paseo

El Centro Histórico es un libro abierto a la historia; sus avenidas, plazas y edificios narran la existencia de una ciudad que lo ha vivido todo. En esta andanza se pueden admirar algunos de los monumentos más icónicos mientras se cruzan las arterias vitales de la urbe. Este camino entre ríos de gente, aroma de cafés y músicos ambulantes atraviesa jardines garbosos, edificios y comercios del barrio más antiguo de América continental.

**Inicio** Monumento a la Revolución

**Final** Calle Donceles

**Longitud** 5 km / 7 h sin detenerse

## ✗ Una pausa

**Café Tacuba/Limosneros** (p. 35) son dos instituciones. Si se quiere probar técnicas contemporáneas, hay que conocer lo más reciente en Café Tacuba. Y al lado, Limosneros deslumbra hasta al *gourmand* más exigente.

Plaza de Santo Domingo (p. 25).

### ❶ Monumento a la Revolución

La airosa arcada levantada a principios del s. XX fue completamente renovada para los festejos del 2010. Ahora hay un elevador panorámico, fuentes dinámicas, una gran plaza y un mirador, además de las criptas de los personajes que intervinieron en la gesta armada.

### ❷ Alameda Central

El decano de los espacios públicos recreativos en América se remodeló hace dos años. Este es el sitio perfecto para tomar un respiro antes de entrar al núcleo urbano.

### ❸ Hemiciclo a Juárez

Como tantos otros monumentos, Porfirio Díaz comisionó este cenotafio en honor al expresidente mexicano Benito Juárez. Rumbo al Zócalo, vale la pena tomar una foto y continuar por la avenida que lleva el nombre del homenajeado.

### ❹ Palacio de Bellas Artes

En jerarquía, no hay un escenario más importante para conciertos, óperas o ballets. Este edificio, inaugurado en 1934, es sede de presentaciones y un monumento en sí mismo que alberga dos museos.

## ❺ Torre Latinoamericana

Desde su término en 1956, y por algunas décadas, este fue el edificio más alto del país. Su mayor atractivo actualmente es la vista panorámica que ofrece. Se puede subir al mirador del piso 44 y regalarse una estupenda serie de postales de la ciudad.

## ❻ Zócalo (Plaza de la Constitución)

Es enorme y en su centro luce señorial la bandera mexicana. Tanto para festejos como para inconformidades, este es el punto de reunión de millones de mexicanos.

## ❼ Templo Mayor

Antes del virreinato y el México moderno, aquí encontraba su epicentro el imperio azteca. En este punto nació la ciudad y para entender a esta metrópoli, hay que hacer una parada aquí, sin más.

## ❽ Plaza de Santo Domingo

Es una de las plazas virreinales más atractivas. En la actualidad los portales de la plaza atraen a mucha gente por las imprentas, los redactores, los escribanos y los falsificadores de documentos.

## ❾ Calle Donceles

El paraíso de los bibliofilos es una parada obligatoria para buscar ediciones descatalogadas y joyas literarias.

## Los mejores paseos
# La Condesa y La Roma: lo más 'in'

### 🏃 El paseo

La Condesa y La Roma son dos colonias "herma-
nas". Estos dos barrios mellizos nacieron a principios del s. xx y están separados por la madre de
todas las avenidas capitales: Insurgentes deja La
Condesa al lado poniente y a La Roma al oriente.

La Roma nació en su momento como un intento
por emular a los barrios más elegantes de las
capitales europeas. Todavía hoy conserva esa
apariencia, pero con una gran cantidad de galerías,
museos, restaurantes y librerías. Por su parte, La
Condesa es conocida por su animada vida nocturna, sus *boutiques*, parques y modernos condo-
minios poblados por familias jóvenes, artistas y
*hipsters*. Para saber lo que está pasando en cuanto
a arte, moda y gastronomía, hay que pasear sin
prisas por aquí.

**Inicio** La Romita

**Final** Parque España

**Longitud** 3 km / de 3 a 5 h

Parque México (p. 39), en la Condesa.

### ❶ La Romita

En esta pequeñísima
plaza encabezada por
una diminuta parro-
quia, nació La Romita.
Solía ser una villa de
poca importancia pero
con el crecimiento urba-
no fue absorbida y hoy
es la zona más antigua
del barrio.

### ❷ Plaza Río de Janeiro

Cuando detonó el desa-
rrollo de mansiones en
esta zona de la ciudad,
esta fue la plaza de ma-
yor importancia. En la
actualidad es un sitio de
recreo familiar corona-
do por una fuente con
una reproducción del
*David* de Miguel Ángel.
Por las tardes y durante
los fines de semana,
la plaza está llena de
niños y vendedores de
golosinas y juguetes.

### ❸ Plaza Luis Cabrera

Es más pequeña que la
de Río de Janeiro, pero
cuenta con muchos ca-
fés y restaurantes en sus
costados. Aquí se suelen
montar exhibiciones
y sin duda es uno de
los puntos de reunión
más concurridos por
los jóvenes, que gustan

de venir a La Roma a gozar de su atmósfera intelectual.

### ❹ Avenida Ámsterdam

El barrio debe su nombre a que en estos terrenos estuvo el Hipódromo Condesa. Esta avenida frondosa, rebosante de verde, está flanqueada por muchas de las viviendas más cotizadas de la zona y por excelentes restaurantes, bares y centros culturales. Caminarla es la forma de adentrarse en el ánimo del barrio.

### ❺ Parque México

Aquí "los condechis" (sobrenombre de los locales) salen a ejercitarse y a pasear sus perros, que parecen contarse por cientos. La Condesa gira en torno al parque y es fácil adivinar por qué esta es una zona tan buscada. El parque y varios de los edificios alrededor del mismo tienen un notable estilo *art decó*.

### ❻ Parque España

Uno de los parques urbanos más agradables se caracteriza por el monumento a Lázaro Cárdenas, el presidente de México que en los años 30 recibió a gran cantidad de exiliados de la Guerra Civil española. Este es el espacio de ambiente familiar más popular de la Condesa.

# Lo mejor
# **Restaurantes**

La Ciudad de México está sobrada de razones para considerarse cosmopolita. En una población de 21 millones de habitantes caben todas las posibilidades culinarias, desde una fonda en la esquina más recóndita hasta un templo gastronómico de notoriedad planetaria. La competencia es tan feroz como el apetito y la exigencia de los chilangos premia la calidad y el servicio.

## Tradiciones de casa

La inmigración del s. XX atrajo a millones de mexicanos procedentes de cada rincón del país. Además, en la Ciudad de México se dispone de todo tipo de productos frescos: desde pescados y mariscos del golfo de México hasta frutas de cada zona del trópico y cosechas de los campos del Bajío. Se pueden conseguir moles de todos los estados del centro y el sur y se encuentran tacos de todo el país a la vuelta de la esquina. Las suculentas carnes de los estados norteños se consumen sin merced, mientras que las cervezas, vinos y destilados fluyen de los cuatro puntos cardinales hacia la inmensa metrópoli. Para probar lo mejor de México, tan solo hay que recorrer algunas cuadras de su capital.

## Cocinando para todos

La ciudad más poblada del continente nunca se ha limitado a consentir los gustos conservadores. Aquí viven miles de personas llegadas de todas las naciones y a ellos se suma cada día una enorme cantidad de visitantes. Si después de unos días el viajero ha satisfecho los antojos por la mejor comida mexicana, basta con revisar las opciones para hallar desde un extraordinario plato originario de la Provenza hasta una sofisticada especialidad japonesa.

## Las grandes mesas de México

**Merotoro** En la actualidad, el noroeste de Baja se ha consolidado como el destino indispensable de la nueva gastronomía mexicana. El chef Jair Téllez se propuso traer lo mejor de su tierra y aquí se comprueba (p.61).

**Pujol** En los últimos cinco años este ha sido el restaurante más galardonado del país. La técnica innovadora, que se asienta en recetas tradicionales, le ha dado una fama sin precedentes a este lugar y a su chef, Enrique Olvera (p. 119).

**Café Tacuba/Limosneros** Pocos restaurantes cuentan con la raigambre de este notable emporio. En su menú se incluyen los platillos que han

Café Tacuba/Limosneros (p. 35).

merecido ovaciones a la cocina mexicana en todo el mundo (p. 35).

## Cocinas del mundo

**Mog** Son imprescindibles sus estupendas preparaciones de recetas originales de ciertas regiones de Tailandia, China, Vietnam y Malasia (p. 48).

**Rosetta** Con la pasta más fresca, la mejor panadería y un exquisito menú con propuestas originales, este restaurante, ubicado en una casona de la Roma, se ha ganado el corazón de miles de chilangos (p. 50).

**D.O.** La cocina española es parte de la cultura mexicana y este es uno de los mejores sitios para gozarla en todo su esplendor. Un menú que incluye lo mejor del País Vasco y otras regiones es magistralmente ejecutado por el chef San Román (p. 121).

**Quebracho Parrilla Argentina** Cocineros del Cono Sur han encendido sus asadores por doquier y los capitalinos han caído rendidos. Este es uno de los sitios más recomendables a un par de cuadras de Reforma (p. 81).

## Tacos, tortas y tostadas

**Taquería El Greco** Podría parecer una taquería más por apariencia, pero por sabor es un recinto notable en el alma de la Condesa (p. 62).

**Lonches Bravo** En unos meses, este sitio se ha convertido en un santuario para los amantes de las tortas o lonches, como las llaman en otros estados.

**Restaurante Chon** La utilización de productos que han servido como alimento a las culturas ancestrales de este país sirve para ofrecer una muestra de sabrosos platillos. Hay que probar los tacos de gusanos de maguey y los de escamoles (larvas de hormiga) (p. 35).

**Tostadas Coyoacán** Las tostadas más solicitadas en este local son las de pata de puerco, tinga de pollo y pollo con mole (p. 94).

# Lo mejor
# **Mercados para darse gusto**

Proveer de alimentos a 20 millones de personas es una tarea titánica. La Ciudad de México cuenta con cientos de mercados y supermercados que diariamente ofrecen una cantidad descomunal de provisiones. Comida, artesanías, utensilios, ropa, productos de medicina tradicional y artículos esotéricos. Los mercados son uno de los rostros más auténticos de toda población y en la Ciudad de México son los órganos vitales.

### La fuerza del mercado

Entrar a cualquier mercado en México es una experiencia que involucra una enorme variedad de aspectos primigenios de la cultura. En la capital del país, y tratándose de una de las mayores áreas metropolitanas del orbe, los mercados son un espectáculo. Los mexicanos que visitan la capital desde otras regiones se sorprenden de las dimensiones y la variedad, que en ninguna otra ciudad se puede observar. Algunos de los mercados más grandes parecen laberintos infinitos en los que uno podría extraviarse por días. Los medianos y pequeños, también conocidos como mercados de barrio, son más fáciles de recorrer y en poco tiempo permiten registrar el colorido exuberante, los aromas incomparables y los sonidos. Hay que visitar los mercados con cámara y hambre, encender los sentidos, llevar dinero, vestir cómodo y prepararse para una vivencia fuera de lo común.

**Mercado de Antojitos de Coyoacán** Pasear por lo que alguna vez fue el pueblo de Coyoacán es una tradición que todo buen chilango pone en práctica. Probar lo que ofrecen los puestos de esta pequeña plaza es parte esencial de los recorridos por el barrio (p. 94).

**Mercado Roma** Se trata de uno de los proyectos más novedosos en lo que a tendencias *gourmet* se refiere. Chefs de prestigio y pequeños comerciantes de lo más selecto de la producción artesanal del país se reunieron para abrir este nicho para *gourmands* (p. 48).

Mercado de Antojitos (p. 94), en Coyoacán.

**Mercado de San Juan** Siempre han vendido los mejores productos para restaurantes, pero, en los últimos años, diversos comerciantes se han especializado también en la preparación. Comer en este sitio está de moda y con toda la razón (p. 39).

**Mercado de la Merced** Aunque venden casi de todo, los puestos de este mercado son famosos por la frescura de sus frutas y verduras. Coloridos maravillosos forman una paleta con productos de muchos rincones del país (p. 27).

**Mercado Abelardo Rodríguez** Millones de mexicanos comienzan su día desayunando en un mercado. Este es uno de los sitios ejemplares para probar excelentes enchiladas, café y tacos matinales (p. 36).

## Vale la pena

**La Central de Abastos** (📞 0155 5694-3514; www.ficeda.com.mx; Canal de Río Churubusco s/n esq. Canal de Apatlaco) se construyó hace tres décadas al oriente de la ciudad. Sus dimensiones la convierten en uno de los tres mayores mercados del mundo. Es una ciudad dentro de la urbe y lo que se puede ver, comprar, comer y vivir ahí no tiene comparación ni descripción posible. Es muy recomendable para visitantes aventurados con bastante tiempo libre.

# Lo mejor
## Sorbos y tragos

Darle gusto a todos los paladares sedientos es imposible... excepto en la capital mexicana. Mientras que muchas ciudades duermen plácidamente de domingo a jueves, en esta ciudad nadie está quieto gracias a distintas alternativas para todo compromiso con el gusto y el recreo.

## Variedad internacional

**Pasagüero** El centro histórico es una pléyade de cantinas y bares. Este sitio está de moda entre la gente de 25 a 45 años y ofrece todo tipo de tragos y fiestas con música en vivo (p. 37).

**Mama Rumba** La mayoría de sus adeptos llega aquí en busca de salsa y mojitos. El baile y los helados tragos con ron hacen que las horas transcurran como si se estuviese en La Habana (p. 52).

**Centenario 107** Sirven de todo, pero se jactan de tener muchas de las mejores cervezas artesanales de México. El ambiente es muy agradable y se escucha buen *pop-rock*. La comida, de tipo alemán, es sabrosa y abundante (p. 96).

**Limantour** Desde hace un par de años este sitio ha sido considerado como uno de los puntos de reunión y coctelería preferidos por los noctámbulos que deambulan entre La Roma y Condesa (p. 51).

## Brindando con México

**Tenampa** Mariachis, mucho tequila; gente que baila, grita y canta escandalosamente al son de la música ranchera mexicana. Es más turístico que otra cosa, pero hay que experimentarlo al menos una vez en la vida (p. 36).

**Bar La Ópera** Es uno de los bares con más tradición en el centro, armado de buenos tragos y cargado de leyendas. Se dice que, hace un siglo, Pancho Villa disparó al interior del elegante recinto (p. 34).

**Alipús** El mezcal es la bebida que se ha robado el gusto de los jóvenes mexicanos y en este sitio se sirven variedades de extraordinaria calidad. Para aprender de mezcal, esta es la escuela (p. 64).

**Bar Milán** Un bar tradicional que estuvo a punto de cerrar, pero que gracias a la intervención de muchos adeptos resurgió con un aire de galería de arte y hoy se encuentra más vivo que nunca. Un sitio preferido por la comunidad artística e intelectual de las colonias Juárez y Cuauhtémoc (p. 81).

# Lo mejor
# **Paseos guiados**

La enormidad de la ciudad requiere días bien planeados para poder conocerla. Vislumbrar la capital mexicana en un solo viaje es simplemente imposible y los paseos guiados pueden ser una buena ayuda. La Ciudad de México se puede conocer desde diversos puntos de vista; como visitante o como chilango, lo importante es dejarse guiar y sacar provecho de la gran metrópoli.

**Tours del Centro Histórico** (☎0155 2303-4642; www.lostoursdelcentrohistorico.com; Regina 126) Muestran un lado desconocido y también lo nuevo del Centro Histórico. Sus recorridos a pie cuentan una historia en cada calle.

**Casa Jacaranda** (☎0122 2284-3529; www.casajacaranda.mx; Jalapa 208, Roma) Ofrece circuitos al Mercado de Medellín y la colonia Roma que incluyen una clase práctica de cocina mexicana tradicional y degustación de mezcal. Están diseñados para grupos muy pequeños.

**Turibus** (☎0155 5141-1360; www.turibus.com. mx; Reforma 222) Este autobús de doble piso con guía ofrece cuatro circuitos por distintos rumbos de CDMX. El viajero tiene la opción de viajar en los puntos de interés o recorrer el circuito a bordo. También hay paseos temáticos como el *tour* de cantinas y el nocturno.

**GastrotourDF** (☎55 4593-1253; gastrotoursdf. com.mx; Sonora 134, Condesa) Los recorridos gastronómicos están diseñados para diversos gustos y presupuestos, y valen tanto para mexicanos como para extranjeros. Hay circuitos para conocer restaurantes emblemáticos, mercados, cantinas y nuevas tendencias. El paseo se complementa con información cultural.

**Wayak** (☎0155 5652-9331; www.wayak.mx; República de Guatemala 4) Un amplio catálogo de paseos con temáticas diversas a escoger: arte, arquitectura, arqueología, naturaleza, lucha libre, parques temáticos y la ajetreada vida nocturna de la ciudad. Incluyen guía y transporte. Ideal para viajeros independientes.

**Amigo Tours** (☎0155 5522-4820; www.tailormade-toursmexico.com; Isabel La Catolica 61 A) Sus excursiones más solicitadas son las de la zona arqueológica de Teotihuacán y la del área lacustre de Xochimilco; también ofrecen un *city tour* completo y un recorrido guiado por el Museo de Antropología.

## Lo mejor
# Compras

En esta capital latinoamericana se puede encontrar prácticamente de todo y en abundancia. Mercados tradicionales, centros comerciales, vendimias callejeras y boutiques exclusivas abundan por doquier. Arte, moda, arte popular, diseño, joyería, *delicatessen* y un sinfín de productos pueden volver loco al más exigente de los compradores.

### Arte mexicano

En esta ciudad hay una gran cantidad de muestras de lo mejor del arte popular de todos los rincones de México. Es posible hallarlo en todos los barrios y con las variaciones de precio más extremas, pero siempre es bueno buscar para encontrar algo que se ajuste al presupuesto.

En zonas como San Ángel, Coyoacán y el Centro Histórico es fácil descubrir verdaderos tesoros del arte popular.

### Moda y diseño

El diseño mexicano contemporáneo ha encontrado muchas áreas de oportunidad para su expresión. *Boutiques* y galerías ofrecen lo mejor de creaciones de autor cuya originalidad merece un gran valor. En zonas como Polanco, La Roma y la Condesa se pueden encontrar las nuevas tendencias del diseño mexicano.

### Hecho en México

**Downtown** En el vestíbulo de un hotel contemporáneo se encuentra un grupo de *boutiques* y galerías que ofrecen todo tipo de artículos de arte popular, contemporáneo y diseño. No es barato, pero hay que verlo (p. 39).

**Vértigo Galería** Es una galería de arte y diseño innovadora, pero también tiene una pequeña tienda con algunos productos firmados por autores y estudios mexicanos (p. 53).

**María Bonita** En el tradicional barrio de San Ángel no podía faltar una galería con muestras representativas del arte popular mexicano más refinado. Hay piezas muy accesibles y otras para coleccionistas (p. 111).

### Arte accesible

**Jardín Centenario** La dependencia estatal encargada de ofertar lo más representativo del arte popular poblano tiene una tienda especializada en la que se pueden encontrar muy buenos trabajos (p. 89).

Downtown (p. 39).

**Bazar del Sábado** Como su nombre indica, un día a la semana, en la plaza de San Jacinto de San Ángel, un grupo de artistas ofrecen distintos tipos de obras plásticas, objetos decorativos y prendas a precios accesibles (p. 104).

**Mercado de Coyoacán** Buena parte del mercado está dedicado a los alimentos, pero también hay un buen número de locales que comercian con arte popular y decoración de muy diversos estilos (p. 97).

## Moda y diseño

**Pineda Covalin** La diseñadora mexicana Cristina Pineda ofrece una gran variedad de accesorios de moda y hogar, con motivos de arte prehispánico, virreinal y contemporáneo (p. 123).

**Antara** Uno de los centros más modernos y exclusivos en el barrio de Polanco. Hay buenos restaurantes, bares, casino, clubes y dos foros culturales (p. 119).

**Avenida Masaryk** Esta es la avenida comercial del *glamour.* Las marcas más exclusivas de todo el mundo tienen una *boutique* aquí. Diseñadores mexicanos, restaurantes y galerías hacen de este corredor vial un paseo de ensueño para los *shopaholics* (p. 119).

## Librerías

**El Péndulo** Nació en la Condesa hace poco más de 20 años, pero hoy tiene seis sucursales. Es una de las librerías mejor surtidas y con mayor reconocimiento entre los capitalinos (p. 122).

**El Mercader de Libros** Una de las librerías de la conocida calle Donceles. Visitarla puede convertirse en una aventura que termine con el hallazgo de un tesoro editorial (p. 27).

**Centro Cultural Elena Garro** Es un ejemplo notable del aprovechamiento de espacios en pro de la cultura. Se trata de una gran librería, aunada a una sala multidisciplinaria, foro y áreas de lectura. Su cafetería es muy agradable para gozar de un libro (p. 92).

# Lo mejor
## Museos

Muchas personas afirman que en la Ciudad de México se concentra la mayor parte de la oferta cultural del país y tienen razón. Museos, talleres, galerías, centros culturales, cines y teatros son algunas de las infinitas ofertas que esta ciudad pone a disposición de locales y visitantes.

### La vida en los museos

La historia de México, el mundo y el universo se cuentan a través de cientos de salas integradas en decenas de museos de todo tipo y tamaño. Hay suficientes como para ocupar los viajes de una vida y no bastaría un año entero para recorrer los espacios que integran la oferta cultural de la capital mexicana: desde sitios populares con rusticidad y excelentes intenciones hasta recintos con colecciones y funciones de clase mundial. Quien visite México con la intención de cultivar el intelecto podrá regresar a casa con un sorprendente exceso de equipaje.

### Museos de historia

**Museo Nacional de Antropología** Es considerado como uno de los museos más importantes del mundo dentro de su especialidad. El MUNAH cumple medio siglo y se reafirma como el lugar inexcusable para conocer las raíces prehispánicas de la nación mexicana (p. 70).

**Museo del Templo Mayor** Antes de la Ciudad de México existió la esplendorosa capital azteca, Tenochtitlán. A un costado de la catedral se desenterraron varias construcciones pertenecientes al área del Templo Mayor de los aztecas y el museo del sitio es magnífico (p. 25).

**Museo Nacional de Historia** El castillo de Chapultepec es uno de los escenarios históricos más importantes de México. El interior de este edificio alberga una colección de pintura, numismática, documentos, mobiliario, indumentaria y tecnología de Nueva España y México desde su independencia (p. 73).

### Museo de arte

**Museo de Arte Moderno** En el paseo de la Reforma se encuentra este recinto que reúne lo más destacado de la plástica producida en México a mediados del s. xx (p. 73).

**Museo Rufino Tamayo** Uno de los museos de arte contemporáneo más importante del país. Obra de artistas internacionales; piezas de la colección de arte moderno y contemporáneo, así como creaciones

Museo Nacional de Antropología (p. 70)

del maestro Tamayo, se exhiben en un edificio innovador recién remodelado (p. 73).

**Museo Universitario de Arte Contemporáneo** Desde su inauguración, este recinto en Ciudad Universitaria (UNAM) ha recibido hoy muestras de primer nivel (p. 101).

**Museo JUMEX** Magníficas obras de arte contemporáneo se exhiben en este flamante inmueble del Nuevo Polanco (p. 118).

**Museo Frida Kahlo** En distintas partes de la ciudad hay museos que en algún momento fueron casas o estudios de Frida Diego Rivera. El de Co-

yoacán es uno de los más visitados y es perfecto para conocer la intimidad de la pareja (p. 86).

**Antiguo Colegio de San Ildefonso** Este edificio ha sido sede de instituciones educativas desde que la Ciudad de México era capital de Nueva España. En la actualidad se reserva para exposiciones itinerantes de gran envergadura.

**Museo Dolores Olmedo** Un precioso museo, legado de su dueña, donde se conservan algunas de las mejores obras de Diego Rivera. Por sus jardines viven tranquilamente varios xoloitzcuintles, el curioso perro prehispánico.

Vale la pena
El **Centro Cultural Universitario** (www.cultura.unam.mx; CCU, Insurgentes 3000) Es un enorme grupo de museos, salas para conciertos, teatros, foros, restaurantes y librerías.
Se encuentra en el interior de la Ciudad Universitaria. Vale la pena dedicarle un día completo a esta zona del sur de la ciudad (p. 100).

# Lo mejor
## Arquitectura

Los siglos de historia de la Ciudad de México se aprecian a través de sus construcciones. Desde las zonas arqueológicas que aún se pueden observar en distintos puntos hasta los edificios más innovadores concluidos hace algunos meses, esta es una ciudad llena de patrimonio arquitectónico.

El Centro Histórico conserva algunas de las edificaciones más importantes del periodo azteca y, sumado a ellas, hay un enorme legado de la etapa virreinal. El s. XIX dejó miles de casas, palacios, parques, templos y avenidas que engrandecieron y llenaron de atractivos la ciudad. El s. XX vio el trabajo de muchos de los arquitectos más renombrados del continente plasmado en los nuevos barrios de la enorme urbe. En la actualidad, la construcción no para y el trazo urbano se ensanchó con notables esfuerzos por mantener una mezcla de funcionalidad y estética. La ciudad está llena de ejemplos extraordinarios de arquitectura que pueden ocupar al visitante mejor por semanas.

### Iconos arquitectónicos

**Catedral metropolitana** Este enorme templo construido a lo largo de tres siglos tiene al menos cinco estilos arquitectónicos. Una visita a la ciudad no estaría completa sin un vistazo al exterior e interior del enorme santuario (p. 25).

**Palacio de Bellas Artes** Este recinto, dedicado a la exhibición de arte y a las presentaciones más selectas de las artes escénicas, fue concluido en 1934. Su construcción duró 30 años y por esa razón ostenta los estilos *art nouveau* y *art decó*. Hay dos museos en su interior, incluyendo el Museo Nacional de Arquitectura (p. 30).

**Castillo de Chapultepec** Fue construido a finales del s. XVIII con el fin de servir como palacio veraniego para el virrey de Nueva España y actualmente es el Museo Nacional de Historia. Destacan sus patios, vestíbulos, jardines y escalinatas (p. 72).

**Palacio Nacional** Fue construido en muchas etapas, pero su apariencia actual data de 1930. Ocupa 4 hectáreas y es la sede de la Presidencia de México. Varias de sus alas son visitables, pero lo que más llama la atención son sus pinturas murales (p. 25).

**Monumento a la Revolución** El proyecto para edificar una sede del gobierno vio su fin con la revolución; sin embargo, una parte había sido levantada y se convirtió en

Cineteca Nacional (p. 97).

un arco triunfal que sirve como panteón de personajes que intervinieron en la lucha armada y política de principios del s. xx (p. 31).

### Ciudad Universitaria

El nombramiento de este enorme conjunto de edificios como Patrimonio Mundial lo dice todo. El Estadio Olímpico, la Biblioteca Central y el edificio de Rectoría son solo algunos de los elementos destacados de esta obra maestra de la arquitectura (p. 100).

## Edificios innovadores

### Cineteca Nacional

A finales del 2012 se inauguraron los edificios remodelados de esta importante sede del arte cinematográfico en Coyoacán. El estudio Rojkind Arquitectos tuvo a su cargo la obra y creó uno de los nuevos iconos de la ciudad (p. 97).

**MUAC** Parte del Centro Cultural Universitario, este museo fue diseñado por Teodoro González de León. Es una obra llena de luz y de espacios amplios que sorprende por sus atrevidos planos (p. 101).

**Museo Soumaya** Este edificio contemporáneo se ha convertido en uno de los iconos actuales de la ciudad. Por sus formas asimétricas, líneas curvas y recubrimiento con miles de placas de aluminio, llama mucho la atención (p. 114).

**Auditorio Nacional** Este enorme centro de espectáculos fue remodelado a finales de los ochenta y dio un nuevo aspecto al paseo de la Reforma en la zona de Chapultepec. Un edificio moderno con un inconfundible sello de arquitectura mexicana (p. 82).

### Paseo de la Reforma

En esta señorial avenida y especialmente en el tramo donde termina Chapultepec y comienzan las colonias Juárez y Cuauhtémoc, se han construido y se siguen erigiendo algunas de las torres más altas de la arquitectura contemporánea de América Latina. Hay que recorrer un par de kilómetros para apreciarlas (p. 72).

# Lo mejor
## Con niños

Visitar la capital mexicana con niños es recomendable porque sobran actividades para disfrutar en familia. Hay museos dedicados exclusivamente a los pequeños y también los centros culturales dedican parte de sus exhibiciones al público infantil. Parques y centros de entretenimiento se encuentran prácticamente en cualquier parte de la urbe. No importa la temporada ni el día de la semana, en CDMX siempre hay algo para los chicos.

**Bosque de Chapultepec** Por décadas este ha sido el sitio de reunión preferido por las familias capitalinas. Se visita por sus museos, sus lagos, su zoológico y sus áreas de juegos. Cada fin de semana hay padres paseando con sus hijos y familias haciendo días de campo o festejando algún cumpleaños (p. 72).

**Universum** Los científicos de la Universidad Nacional diseñaron un museo con el objetivo de mostrar a los pequeños las distintas áreas de la ciencia de una manera divertida. Biología, física y química se muestran desde un ángulo muy distinto y fácil de asimilar (p. 101).

**Acuario Inbursa** Este espacio de reciente apertura se ha convertido en uno de los más visitados por las familias capitalinas. El acuario es único en su tipo en América Latina y la zona del Nuevo Polanco es un área de recreo atractiva para todas las edades (p. 118).

**Centro de Coyoacán** Los paseos familiares por el centro de este tradicional barrio ofrecen largos ratos de esparcimiento. Se puede ver a los niños comer helado, comprar globos, jugar en los parques o hacer burbujas. Al igual que en otras ciudades del país donde las familias se reúnen en las plazas centrales, en Coyoacán la tradición sigue viva (p. 88).

**Museo de Cera** La representación de personajes populares en estatuas de cera es una costumbre que atrae a cientos de familias. Unas 200 figuras de artistas, políticos, celebridades sociales, deportistas e ídolos mediáticos llenan las salas de esta casona de la colonia Juárez. Al interior hay otras atracciones para los pequeños (p. 77).

# Guía
# práctica

# Guía práctica

## Antes de partir

### Cuándo ir

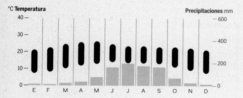

°C Temperatura

Precipitaciones mm

**➡ Otoño (sep-nov)** Templado. Con pocas lluvias y un clima promedio de 22 °C esta es la estación más agradable para viajar.

**➡ Invierno (dic-feb)** Frío pero no extremo. La última nevada se registró en 1967.

**➡ Primavera (mar-may)** Es la temporada más calurosa. En mayo se inician las lluvias. Durante Semana Santa, los capitalinos abandonan la ciudad.

**➡ Verano (ju-ago)** Las lluvias caracterizan esta temporada y en cuestión de minutos el cielo azul puede transformarse en una granizada. No hay que salir sin paraguas.

## Alojamiento

➡ Los hoteles gran turismo que se encuentran sobre el paseo de la Reforma, frente al bosque de Chapultepec, ofrecen las mejores vistas de la ciudad.

➡ Los hostales del Centro Histórico suelen tener encanto y ser baratos, pero el ruido de la calle puede ser un problema.

➡ En la Condesa y Coyoacán hay antiguas casas acondicionadas como B&B que resultan muy acogedoras, aunque no muy económicas.

➡ La Zona Rosa y sus alrededores concentran un gran número de hoteles *gay friendly*.

➡ Los precios del hospedaje en el Centro Histórico y Coyoacán se elevan de manera considerable en la semana del 16 de septiembre (Día de la Independencia).

## ebs útiles

**sit México** (www.
tmexico.com/es/ciudad-
mexico-df) Portal de tu-
mo en México. Ofrece
ertas en recorridos.

**udad de México** (www.
xicocity.gob.mx) Página
cial del Gobierno de
udad de México que
rece consejos, hospe-
je y recomendaciones
ra turismo *gay*.

**rbnb** (www.airbnb.
x/s/Mexico-City-Mexico)
eal para rentar habi-
ciones compartidas,
cámaras o depar-
mentos fuera del
rcuito hotelero.

### recio económico

**ostal YWCA** (✆55
510-3870; www.ywca.com.
x; Humboldt 62; dc $135;
✉; Ⓜ Juárez) Excelente
bicación en el Centro
istórico, a tres cuadras
e la Alameda Central.
as habitaciones de
ombres y mujeres están
n pisos separados.

**ostal Amigo** (✆55 5512-
463; www.amigohostalmexi-
ocity.com; Isabel la Católica
1; d $740, dc $200; ✆;
Ⓜ Allende, Isabel la Católica)
n el corazón del Centro
istórico, a cinco cuadras

del Zócalo y a unos pasos
de cantinas, pulquerías y
restaurantes.

**Casa González** (✆55
5514-3302; www.hotelca-
sagonzalez.com; Río Sena
69; s $700, d $700-940, f
$1240; @✆) Una vieja
casona convertida en
casa de huéspedes.
Las habitaciones son
sencillas y todas tienen
baño privado. El wifi tiene
costo extra.

**Hostal La Buena Vida**
(✆55 5271-9799; www.hos
tallabuenavida.com; Mazatlán
190; dc $300-350; @✆;
Ⓜ Patriotismo, Juanacatlán)
Tal vez la opción más
barata en la Condesa.
Dispone de dormitorios
para hombres, mujeres
y mixtos, cada uno con
baño privado. Incluye
desayuno *buffet* y wifi.

### Precio medio

**Imperial Reforma**
(✆55 5705-4911; www.
hotelimperial.mx; paseo de la
Reforma 64; d $820; @✆)
Inaugurado en 1904, este
hotel mantiene el roman-
ticismo del pasado y una
gran ventaja: su excelente
ubicación a medio ca-
mino de Chapultepec,
la Zona Rosa y el Centro
Histórico.

**Hotel de Cortés** (✆55
5518-2181; www.boutiqueho-
teldecortes.com; Av. Hidalgo
85; h $1400; ✳✆; Ⓜ Hidal-
go, Bellas Artes, ⌨ Hidalgo,
Bellas Artes) Hotel-*boutique* ubicado frente a la
Alameda Central, en un
edificio de 1620: uno de
los sitios más bonitos
para hospedarse en el
Centro Histórico.

**Hotel del Principado**
(✆55 5533-2944; www.
hoteldelprincipado.com.
mx; Londres 42; i $890, d
$1050, desayuno incl., niños
gratis; ✆@; Ⓜ Insurgentes,
Cuauhtémoc) En el corazón
de la Zona Rosa. Sencillo,
limpio y de trato amable.

**Pug Seal B&B Co-
yoacán** (✆55 6363-7176;
www.pugseal.com; primera
cerrada de Belisario Domínguez 16; h $1600-2000; ✆;
Ⓜ Viveros) Un tranquilo
B&B-*boutique* en Co-
yoacán, a unas cuadras
del Museo Frida Kahlo.
Ofrece ocho habitacio-
nes, cada una con el
nombre de un artista o
héroe mexicano.

### Precio alto

**Condesa DF** (✆55 5241-
2600, 1-8669787020
para EE UU y Canadá,
525552822199 resto del
mundo; www.condesadf.com;

Veracruz 102; d $2700-3250; ✳️ 🛜) Edificio de principios del s. xx transformado en un exclusivo hotel de diseño.

**Las Alcobas** (📞 55 3300-3900; www.lasalcobas.com; Masaryk 390; d $3900-5360, suite $7213-14500, ph suite $31 272, incl. desayuno y *spa.* ✳️ 🛜) Considerado uno de los mejores hoteles de la ciudad, se distingue por ofrecer en detalles de *spa,* como regadera de lluvia y *jacuzzi.* Las suites y el *penthouse* incluyen vapor privado.

**Gran Hotel Ciudad de México** (📞 55 1083-7700; www.granhoteldelaciudaddemexico.com.mx; Av. 16 de septiembre 82; d $1800-3600; ✳️ 🛜; Ⓜ Zócalo, Allende) Es famoso por su edificio *art nouveau,* su cúpula vitral de Tiffany y su elevador de hierro. Su restaurante tiene la mejor vista del Zócalo.

**Four Seasons** (📞 55 5230-1818; www.fourseasons.com/mexico; paseo de la Reforma 500; d $4350-7300; ✳️ 🛜; Ⓜ Chapultepec, Sevilla) El preferido de los famosos está a unos pasos del bosque de Chapultepec. Ofrece todas las comodidades de los hoteles de lujo.

# Cómo llegar

☑️ **Consejo** Para reservas de alojamiento, véase p. 16.

## Aeropuerto Internacional de la Ciudad de México

El AICM (www.aicm.com.mx), la principal terminal aérea del país, se ubica dentro de la ciudad y cuenta con dos terminales (T1 y T2); en ambas hay casas de cambio, módulos para reservar hoteles, cajeros automáticos, sitios de taxis y de renta de autos.

➡️ **Metro** (www.metro.df.gob.mx; $5) La estación Terminal Aérea, de la línea 5, se encuentra en la puerta 1 de la T1. Opera de 5 am a 12 am, lu-vi; de 6 am a 12 am sa; y de 7 am a 12 am, do y fest. Tarda 45-60 min hasta el centro. No se aconseja con equipaje pesado.

➡️ **Metrobús** (www.metrobus.df.gob.mx; $30) Ofrece un servicio especial que va de la T1 y T2 al Centro Histórico en 35 min. El primer autobús sale a las 4.30 y el último, a medianoche.

➡️ **Taxis** Es recomendable utilizar alguno de los sitios autorizados que operan dentro de las terminales. Cobran tarifas fijas según la zona; un viaje de hasta 4 personas en servicio ordinario al Centro Histórico cuesta $180, $265 en servicio ejecutivo. Operan las 24 todos los días del año.

➡️ **Autobuses** (www.aicm.com.mx/pasajeros/transporte/autobuses ) Servicios frecuentes a las principales ciudades cercanas a la Ciudad de México, como Toluca, Puebla, Cuernavaca, Querétaro, Celaya, San Juan del Río, Pachuca, Tulancingo, Córdoba y Orizaba. Horarios y costos en internet.

# Cómo desplazarse

La Ciudad de México puede ser un caos, lo cual es parte de su encanto. El tráfico es un problema que los viernes y días de lluvia suele empeorar. Pese a las aglomeraciones

etrasos, el metro y
etrobús son la forma
ás rápida y barata de
splazarse.

**etro**
**Lo mejor para...**
overse por todos lados.

Cuenta con 12 líneas
e distinguen por colo-
s) que cubren la mayor
rte de la ciudad y llevan
algunos de los principa-
s puntos de interés.

Opera de 5 am a
am, lu-vi; 6 am a 12 am,
; y de 7 am a 12 am, do
est.

Cuesta $5 sin importar
distancia y número de
ansbordos. En taquilla
pueden comprar bole-
s por viaje que tienen el
ismo precio.

Tiene conexiones con el
etrobús, el tren ligero y
tren suburbano.

El mapa de la red se
escarga en www.metro.
.gob.mx

El domingo se permite
acceso de bicicletas.

Niños menores de
nco años, adultos
ayores y personas con
scapacidad no pagan.

**Metrobús**
**Lo mejor para...**
o gastar mucho.

## Tarjeta de metro y metrobús

→ Comprarla por primera vez cuesta $40: $10 por la tarjeta y el resto, en saldo, para utilizar en el transporte. Se adquieren en las máquinas expendedoras del aeropuerto, en las taquillas de las estaciones del metro y a la entrada de las paradas de la línea 1 del metrobús. También se venden en algunas tiendas 7Eleven y Círculo K. Las recargas se hacen en los mismos puntos de venta, con un máximo de $120.

→ Para utilizarlas es necesario validarlas a la entrada de la estación o en el autobús en una pantalla que indica el saldo disponible.

→ Se puede utilizar la misma tarjeta para varias personas.

→ La entrada a ambos transportes es gratuita para personas con discapacidad, adultos mayores y niños menores de 5 años.

→ Cuenta con cinco líneas que recorren algunas de las principales avenidas.

→ Un viaje sencillo ($6) permite hacer transbordos gratuitos entre líneas en las dos primeras horas después de haber registrado la entrada.

→ Opera de 4.30 am a 12 am, lu-sa; y de 5 am a 11.30 pm, do y fest.

→ Todas las estaciones y autobuses tienen acceso para sillas de ruedas.

→ El domingo se permite el acceso de bicicletas.

→ Niños menores de 5 años, adultos mayores y personas con discapacidad no pagan.

→ Se puede consultar el mapa de la red en www.metrobus.df.gob.mx y la cuenta de Twitter @MetrobusCDMX ofrece información sobre el cierre de estaciones.

## Taxi
☑ **Lo mejor para...**
cuando se carga equipaje.

→ Se identifican por los colores dorado y vino. La tarifa de salida (banderazo) es de $8.74, con un aumento (brinco) de $1.07 por cada 250 m o 45 seg.

➡ No se recomienda tomarlos en la calle y menos de noche.

➡ Circulan muchos "piratas" (no autorizados) que se identifican porque no llevan placas ni licencia del chófer a la vista.

➡ Lo más seguro es utilizar los taxis de sitio que suelen ubicarse afuera de hoteles y centros comerciales. Estos autos pueden ser de color blanco. El banderazo es de $13.10 y cada brinco es de $1.30.

➡ En restaurantes y bares se puede pedir al gerente un radiotaxi que cobra $27.30 por banderazo y 1.84 por brinco. En viajes después de la media noche se cobra un suplemento.

## Microbús
☑ **Lo mejor para...**
*una aventura extrema.*

➡ Pueden tomarse en cualquier parte y son útiles para llegar a donde el metro y el metrobús no llegan.

➡ Aunque siguen rutas fijas, que se anuncian en carteles, una persona que no conozca la ciudad puede perderse y las indicaciones de los choferes son poco confiables.

➡ Un viaje cuesta $4 en los primeros 5 km, $4.50 de 5 a 12 km y $5.50 de 12 km en adelante.

➡ Se paga en efectivo, de preferencia con monedas.

➡ No hay que confiar en que el chófer haga alto total para que el pasajero suba o baje.

## Camión/trolebús
☑ **Lo mejor para...**
*viajar sin prisa.*

➡ Tienen pocas rutas y paraderos fijos. En algunos casos recorren las mismas avenidas que el metro.

➡ El viaje tiene un costo de $4.

➡ Opera de 5 am a 12 am, lu-vi; y de 7 am a 11.30 pm, sa y do.

➡ La ruta Eje Central une Coyoacán con el Centro Histórico, pero el recorrido puede durar más de 1 h. Tiene un servicio nocturno de 11.30 pm a 5.30 am y cuesta $7.

➡ Más detalles de rutas y horario en www.ste.df.gob.mx.

## Bicicleta
☑ **Lo mejor para...**
*evadir el tráfico.*

➡ **Ecobici** (☎ 5005-2424; www.ecobici.df.gob.mx/es) Ideal para conocer con calma los secretos de barrios como el Centro Histórico, Zona Rosa, Polanco, La Condesa y L Roma. Opera de 5 am a 12 am, lu-do.

➡ Los turistas pueden tramitar una credencial temporal. Los requisitos son pasaporte, tarjeta de crédito y un depósito de $5000 que se reembolsa si no hay cobros pendientes 5 días hábiles después del vencimiento del tiempo contratado. El costo es de $90/180/300 por 1/3/7 días.

➡ Para utilizar el servicio se toma una bicicleta de una de las 275 estaciones y se puede regresar en otra estación. Es importante validar la tarjeta antes y después de utilizar la bici y, al momento de entregarla, hay que comprobar que quede asegurada.

➡ Los primeros 45 min son libres y hay que dejar pasar 5 min para tomar otra unidad sin costo por el mismo tiempo; de lo contrario, del min 46

...0 se cobran $10 y a ...tir del min 61, $35 por ...ra o fracción.

## ...tomóvil
**Lo mejor para...**
...capar de la ciudad.

...Embotellamientos, ...anifestaciones y ...oblemas de estaciona-...ento son la principal ...zón para prescindir del ...tomóvil.

...Todos los vehículos ...ben tener seguro de ...ños a terceros.

...El uso de cinturón de ...guridad y silla para ...enores de edad es ...bligatorio.

...Está prohibido utilizar ...teléfono celular cuando ...maneja.

...El programa "Hoy no ...rcula" limita el tránsito ...vehículos un día a la ...mana dependiendo del ...lor y terminación de ...placa.

...Los autos en renta ...elen tener holograma ...pero es preferible con-...marlo con la agencia.

...En el AICM hay ...ódulos de renta de ...tos. También se puede ...cer el trámite por ...ternet: **Budget** (www.
...dget.com.mx); **Renta de ...tos en México** (www.

rentadeautosenmexicodf.com) especializada en autos de bajo costo; **Hertz-AVASA** (www.avasa.com.mx).

# Información esencial

## Advertencias
☑ **Consejo** Se debe evitar tomar taxis en la calle, en especial de noche.

➡ Las aglomeraciones suelen ser aprovecha-das por carteristas.

## Dinero
☑ **Consejo** En el aeropuerto se consi-gue el mejor tipo de cambio.

➡ La moneda es el peso ($).

➡ Coloquialmente se le llama varo.

➡ Un peso tiene 100 centavos (c).

➡ Hay billetes de $20, $50, $100, $200, $500 y $1000; mone-das de 10c, 20c, 50c, $1, $2, $5 y $10.

➡ Los billetes de $1000 son escasos y hay comercios que no los reciben.

➡ Los taxis no acep-tan billetes mayores de $200.

➡ Los comercios pe-queños solo aceptan efectivo.

**Cajeros automáticos**
➡ Aceptan tarjetas de crédito y débito Visa,

### Consejos para ahorrar dinero
➡ El mercado de la Ciudadela es el mejor lugar para comprar recuerdos bonitos y baratos.

➡ El regateo es válido en mercados, tianguis y con vendedores callejeros.

➡ Las cadenas de café y comida rápida ofrecen wifi gratis.

➡ El Museo Soumaya es gratuito y abre todos los días.

➡ Los museos no cobran entrada los domingos.

MasterCard, Cirrus y Maestro.

➡ Todos cobran comisión por retirar efectivo con tarjetas del extranjero.

➡ Se encuentran en anexos a sucursales bancarias, centros comerciales, supermercados y grandes almacenes.

➡ La cantidad máxima que se puede retirar es de $5000.

**Cambio de divisas**

➡ Es conveniente cambiar pesos al llegar a la ciudad.

➡ El aeropuerto es el mejor lugar para comprar divisas.

➡ En la Zona Rosa y el Centro Histórico hay un gran número de casas de cambio.

➡ No se recomienda cambiar dólares en comercios o restaurantes.

**Tarjetas de crédito y débito**

➡ Son aceptadas en todos los hoteles y la mayoría de los comercios, aunque hay que preguntar antes en pequeños restaurantes, cantinas y comercios.

➡ Algunas compañías de radio taxi también las aceptan; se debe confirmar antes de contratar el servicio.

➡ American Express y Diner´s Club no siempre son bien recibidas.

**Propinas**

➡ En restaurantes se deja del 10 al 15% del total de la cuenta, dependiendo del servicio.

➡ En taxis es poco común, aunque se puede redondear la tarifa.

**Electricidad**

120v/60hz

120v/60hz

**Fiestas oficiales**

**Año Nuevo** 1 de enero

**Día de la Constitución** 5 de febrero. El puente s recorre al lunes anterior más cercano.

**Natalicio de Benito Juárez** 21 de marzo. El puente se recorre al lun anterior más cercano.

**Semana Santa** marzo/ab

**Día del Trabajo** 1 de mayo

**Día de la Independenc** 16 de septiembre

**Día de Muertos** 2 de noviembre

**Día de la Revolución** 2 de noviembre. El puente

recorre al lunes ante-
r más cercano.

**gen de Guadalupe**
de diciembre

**vidad** 25 de diciembre

**orario comercial**

**seos** 9 am-7 pm ma-do

**ncos** 9 am-4 pm lu-vi

**mercios** 11 am-9 pm
sa, 11 am-8 pm do

**staurantes** 9 am-
om lu-do

**formación**
**rística**

**udad de México**
(01800 008-9090; www.
xicocity.gob.mx)

**ltura y turismo** (www.
gob.mx)

**eléfonos**

Los números telefó-
cos (fijos y móviles)
nstan de ocho
meros.

Hay teléfonos
blicos de varias
mpañías. Los de
mex requieren de
a tarjeta de prepago
e cuesta $30, $50
$100; se compra en

## Qué hacer y qué no

### Qué hacer

➤ Participar en el circuito ciclista el último domingo de cada mes.

➤ Comprar fruta fresca en un tianguis.

➤ Comer en un mercado.

### Qué no hacer

➤ Esperar que los autos den prioridad al peatón
al cruzar las calles.

➤ Combinar mezcal con otra bebida.

➤ Olvidar el protector solar.

puestos de periódicos,
tiendas Sanborns y
Oxxo. El resto funciona
con monedas de $1. Las
llamadas cuestan $2-3/
min local, a celular $5/
min, a EE UU $5/min y
$10/min al resto.

Prefijos

**Internacional** (☎00)

**México** (☎52)

**Ciudad de México**
(☎55)

**Llamadas locales**

➤ Para llamar a un móvil
desde un fijo se marca
044 55 + ocho dígitos y

de un móvil a otro: 55 +
ocho dígitos

**Teléfonos celulares**

➤ México opera con la
red GSM.

➤ Hay que consultar
las tarifas de *roaming*
antes de viajar. También
se puede comprar una
tarjeta SIM local, para
lo cual el teléfono debe
estar liberado.

## Urgencias

Cruz Roja (☎065)

Policía (☎066)

Bomberos (☎068)

# Entre bastidores

### La opinión del lector

Agradecemos a los lectores cualquier comentario que ayude a que la próxima edición pueda ser más exacta. Toda la correspondencia recibida se envía al equipo editorial para su verificación. Es posible que algún fragmento de esta correspondencia se use en las guías o en la web de Lonely Planet. Aquellos que no quieran ver publicados sus textos ni su nombre, deben hacerlo constar. La correspondencia debe enviarse, indicando en el sobre Lonely Planet/ Actualizaciones, a la dirección de geoPlaneta en España: Av. Diagonal 662-664. 08034 Barcelona. También puede remitirse un correo electrónico a: viajeros@lonelyplanet. es. Para información, sugerencias y actualizaciones, se puede visitar www.lonelyplanet.es.

### Jacobo agradece

Agradezco a quienes han ayudado a redactar esta guía con ánimos, sugerencias o mezcal. Por supuesto, a Ana Garcés por ayudarme con el estilo, que nunca hay que perder. A Nuria Ibáñez por estar ahí a pesar de las dificultades; a Coca Higueras, que colaboró con sus guiños más chilangos; a Beto R. Lanz, que puso luz en el peor momento; a Marta Gómez por su eterna paciencia; a Bego por estar ahí y a la Ciudad de México que tanto me ha dado.

### Beto agradece

Sin el apoyo incondicional de Bibiana, Llerardo, Jorge, Alberto, Yuliana, Everardo, Peyo y Adriana, esta guía no hubiera sido posible.

### Este libro

Esta es la primera edición de *Ciudad de México De cerca,* de Lonely Planet, escrita por Jacobo G. García y Beto R. Lanz.

Para poder publicar guías de ciudades medianas o fuera de las rutas más transitadas, Lonely Planet en ocasiones cuenta con la colaboración de entidades tales como oficinas de turismo o compañías aéreas.

Al establecer dicha colaboración, Lonely Planet se asegura de que su integridad editorial e independencia no se vean afectadas, a través de los siguientes compromisos:

– publicar información según su propio criterio al margen de las entidades que presten algún tipo de colaboración

– nunca prometer u ofrecer nada a cambio, como por ejemplo reseñas positivas

Con la colaboración del Fondo Mixto de Promoción Turística del Distrito Federal.

# ndice

# Los autores

### Jacobo G. García

Entre la Ciudad de México y Jacobo hay una historia de amor que comenzó con una computadora a plazos y una mochila. Corresponsal en América Latina del periódico *El Mundo* durante los últimos 15 años, sus reportajes se han publicado también en otras revistas y periódicos. Ha cubierto guerras y revueltas, pero prefiere perderse por esta ciudad, a más de 2200 m de altura, que tiembla cada cuarto de hora.

### Beto R. Lanz

Nació en 1971 y comenzó a viajar de la mano de sus padres. Hace 20 años que Beto vive de y para contar las experiencias de sus viajes. Su cámara y su gusto por narrar le han permitido conocer a gente de los cinco continentes. Para esta guía de la Ciudad de México ha elaborado el capítulo *Lo mejor* y ha realizado toda la cobertura fotográfica.

**geoPlaneta**
Av. Diagonal 662-664 08034 Barcelona
viajeros@lonelyplanet.es
www.geoplaneta.com – www.lonelyplanet.es

**Lonely Planet Publications** (oficina central)
Locked Bag 1, Footscray, Melbourne, VIC 3011, Australia
☑ 61 3 8379 8000 - fax 61 3 8379 8111
(oficinas también en Reino Unido y Estados Unidos)
www.lonelyplanet.com - talk2us@lonelyplanet.com.au

*Ciudad de México De cerca*, 1ª edición
1ª edición en español – abril del 2015

**Editorial Planeta, S. A.**
Con la autorización para la edición en español de Lonely Planet
Publications Pty Ltd A.B.N. 36 005 607 983, Locked Bag 1,
Footscray, Melbourne, VIC 3011, Australia

© Edición en español: Editorial Planeta, S.A. 2015
© Textos: Jacobo G. García y Beto R. Lanz, 2014
© Fotografías: Beto R. Lanz, 2014

ISBN: 978-84-08-13804-4

Depósito legal: B. 22.017-2014
Impresión y encuadernación: Unigraf
Printed in Spain – Impreso en España